CATHERINE LESTANG

ILS RACONTENT LES ÉVANGILES

- 2 -

PORTEUSE D'EAU   8

2019-2020

Du même auteur

AMAZON

Porteuse d'eau Tome 1 Psychologies

Porteuse d'eau Tome 2 Dictionnaire

Porteuse d'eau Tome 3 Ancien testament

Porteuse d'eau Tome 4 Nouveau Testament Partie 1.

Porteuse d'eau Tome 5 Nouveau testament Partie 2

BOD

Porteuse d'eau Tome 6: écrits 2016-2017

Ils racontent les évangiles. 2019

Ils racontent les évangiles -2. 2020

Table des matières

INTRODUCTION 7
ÉVANGILE DE MATTHIEU 17
   La fuite en Égypte. "Lève toi, prends l'enfant et sa mère, et rends-toi en Egypte" Mt 2,13 19
      Joseph raconte 19
   Appel de disciples. "Seigneur permets-moi d'abord d'aller enterrer mon père" Mt 8,21 23
      Le disciple qui voulait enterrer son père raconte 23
   Les paraboles. "Pourquoi leur parles-tu en paraboles?" Mt 13,10 27
      Un ami de Matthieu raconte 28
   Le figuier desséché. "Et à l'instant même, le figuier se dessécha" Mt 21,19 34
      Pierre raconte 34
   La résurrection. "L'ange du Seigneur descendit du ciel, vint rouler la pierre et 39
      L'Ange du Seigneur raconte 39

ÉVANGILE DE MARC 43
   L'appel de Lévi. "Il mange avec les publicains et les pécheurs" Mc 2,16 45
      Quelqu'un raconte 46
   La tempête apaisée. "Confiance, c'est moi, n'ayez pas peur" Mc 6,50 49
      Un des apôtres, par exemple Barthélémy, raconte 50

ÉVANGILE DE LUC 53

Appel des premiers disciples. "Et laissant tout, ils le suivirent" Lc 5,11 55
   Simon-Pierre raconte 59

La guérison de l'esclave du centurion. "Le centurion tenait beaucoup à lui" Lc 7,2 61
   Le centurion romain raconte 62
   Quelqu'un, dans la foule, raconte 63

Le repas chez Simon. "Il dit alors à la femme: tes péchés sont pardonnés" Lc 7,46 66
   Un convive raconte 66

Multiplication des pains. "Ils mangèrent et furent tous rassasiés" Lc 9,17 70
   Pierre raconte 71

Les fils de Zébédée veulent détruire un village samaritain. "Seigneur veux-tu que nous ordonnions qu'un feu descende du ciel et les détruise?" Lc 9,54 75
   Jean, fils de Zébédée raconte 76

La parabole du bon samaritain. "Mais lui, voulant se justifier, dit à Jésus: Et qui est mon prochain?" Lc 10,29. 80
   Le Docteur de la Loi raconte sa rencontre avec Jésus 81

Marthe et Marie. "Seigneur, cela ne te fait rien que ma sœur m'ait laissé faire seule le service"? Lc 10,40 86
   Marthe raconte 88
   Marie raconte 90
   Un disciple raconte la venue de Jésus chez Marthe 91

L'ascension. Simon, l'ami de Cléophas raconte. Lc 24,51 94
   Simon raconte 95

ÉVANGILE DE JEAN 99

Appel des deux premiers disciples. "Le lendemain encore, Jean se trouvait là avec deux de ses disciples" Jn 1,35 101
   Jean, le Baptiseur, raconte 102

André appelle son frère Simon. "Nous avons trouvé le Messie" Jn 1,41 105
   André raconte 106

Appel de Nathanaël. "Quand tu étais sous le figuier je t'ai vu" Jn 1, 48 109
    Nathanaël raconte sa rencontre avec le Rabbi Jésus. 109

La Samaritaine. " ... L'eau que je lui donnerai deviendra en lui source d'eau jaillissant pour la vie éternelle" Jn 4, 14 112
    Jean l'évangéliste raconte. 113

La guérison du paralytique. "Va et ne pèche plus" Jn 5,14 .. 119
    L'homme paralysé raconte 121

Après la multiplication des pains. "Le pain que je donnerai, c'est ma chair, pour que le monde ait la vie" Jn 6,51 123
    Un disciple très proche du Rabbi raconte 124

L'aveugle-né. "Et qui est-il Seigneur pour que je croie en Lui?" Jn 9,36 132
    L'aveugle-né raconte 132

La résurrection de Lazare. "Déliez-le, et laissez-le aller" Jn 11, 44 139
    Marthe raconte 140

Le lavement des pieds et le dernier repas. "Jésus se lève de table, dépose son vêtement, prend un linge.." Jn 13,4 145
    Judas raconte 146
    Pierre raconte 149
    Jésus raconte 152
    Le disciple que Jésus aimait raconte 154

Du lavement des pieds au discours après la Cène. Jn 13-14 157
    Quelqu'un raconte 157

Jean va au tombeau le matin de la résurrection. "Il vit et il crut". Jn 20,8 163
    Le disciple que Jésus aimait raconte 165

Thomas l'incrédule. Thomas lui dit: "Mon Seigneur et mon Dieu" Jn 20,28 168
    Thomas raconte 171

Après le repas au bord du lac. "Simon, fils de Jean, m'aimes-tu?" Jean 21,17 175
    Pierre raconte 175

Après le repas au bord du lac. "Si je veux qu'il demeure jusqu'à ce que je vienne, que t'importe." Jn 21,22 180
Jean, le disciple que Jésus aime, raconte. 181

LIVRE DES ACTES 183
La Pentecôte. "Tous furent remplis d'Esprit Saint". Ac 2,4 .. 184
Marie raconte ce qui s'est passé le jour de la fête des sept semaines 187

CONCLUSION 194

INTRODUCTION

Il y a eu des réactions diverses après la publication de mon premier livre: "Ils racontent les évangiles".

Certains disent avoir "bien rigolé"; et c'est un peu ce que je souhaitais: remettre de la vie, se poser des questions, laisser dire tout haut ce que l'on pense tout bas, s'étonner, rire, sortir du solennel qui parfois finit par tuer avec sa rigidité; mais je dis bien parfois.

D'autres disent "avoir pleuré"; et là aussi c'est un peu mon désir: permettre aux émotions de s'exprimer: se mettre dans la peau des personnages, vivre avec eux ces changements, ces ouvertures, cette action de l'Esprit Saint.

D'autres ont pioché au hasard et ont adoré, ce qui bien sûr me ravit.

Certaines personnes m'ont reproché de ne pas avoir cité "in extenso" le texte que j'essaie de faire chanter; de ne pas l'expliquer en termes savants. Cela n'a jamais été mon intention. Quant à copier les textes eux-mêmes, cela obligerait aussi à justifier le choix de telle ou telle traduction, et ce n'est pas du tout l'optique de ces petits textes, qui sont très souvent liés à un verset, voire à un mot. Ce que je veux dire c'est que quand je commence à penser le texte, à le laisser prendre sa place en moi, c'est un mot ou un verset qui sert d'armature au texte qui va naître.

Et je tiens à réagir aux textes tels qu'ils sont entendus par la majorité des catholiques: à savoir la traduction AELF, même si souvent j'ai envie de la contester et des revenir à la Bible de Jérusalem, qui est "ma bible".

Par exemple, aujourd'hui 24 Juin, jour de la nativité de Jean le Baptiste, en travaillant comme je le fais chaque matin l'évangile retenu - Luc 1,57-66, je me disais que mettre ensemble: i. la réponse ferme que donne Elisabeth ("Il s'appellera Jean") à ceux qui veulent choisir à sa place le nom de son fils et qui lui font comprendre qu'elle est un peu nulle - "personne ne s'est appelé comme cela dans ta famille"; et ii. la réponse non moins ferme de son époux: "Jean est son nom", montre l'accord des époux.

Et qui dit "accord", dit pour moi "musique": un grave et un aigu qui créent un son nouveau. Ces deux là, ces deux vieux, la stérile et le muet, ils sont ensemble, ils sont deux, ils sont "accordés". Et c'est grâce à cet accord que la voix de Zacharie va pouvoir résonner à nouveau, et que comme tout prêtre il pourra louer et bénir le Très Haut.

J'aurais pu laisser parler quelqu'un de ce village de Judée, qui assiste à cette scène étonnante: qui pourrait par exemple dire que cette famille, c'est une drôle de famille. Entre une femme stérile qui attend un bébé sur le tard et un mari qui devient muet, donc qui a dû commettre une sacrée faute pour recevoir un tel châtiment, on peut vraiment se poser des questions sur la naissance de cet enfant miracle...

Les billets que je présente dans ce nouveau livre, contrairement au livre précédent qui était très centré sur le temps de l'Avent et le temps de Noël, ne sont pas rassemblés par ordre chronologique, mais par livre biblique: Matthieu, Marc, Luc, Jean et les Actes.

Le style reste identique, les textes qui précèdent parfois la partie narrative sont peut-être un peu plus fournis, un peu plus techniques. Ils ne sont pas indispensables à la lecture, mais permettent souvent de comprendre l'origine de mes textes, qui ont plusieurs sources: évangiles lus le dimanche ou en semaine, mais surtout travail de groupe autour de l'évangile de Matthieu et de Jean; et pour ce dernier, on n'en sort pas indemne...

Il me semble important, pour comprendre un texte présenté par exemple le dimanche à la messe, de le remettre dans son contexte; de lire ce qui s'est passé avant, et parfois ce qui se passera après. Et le comparer aux autres écrits est parfois nécessaire.

Par exemple si on prend le thème de la tempête apaisée, on peut se rendre compte que d'un évangéliste à l'autre les évènements qui précèdent sont très différents; et que l'évènement lui-même a une signification différente. Chez Matthieu (8,23-27) et chez Luc (8,22-25) la tempête arrive au moment où Jésus se rend en terre païenne, domaine des esprits mauvais. Elle traduit alors la résistance du mal et son désir de faire disparaître cet homme qu'il sait être le Fils de Dieu. En Marc 4,35, elle intervient après les premières paraboles, dont celle du semeur, et c'est au moment où la parole doit être semée sur l'autre rive que les vagues "se jettent sur la barque". Enfin chez Jean (6, 16-12) ce récit suit la multiplication de pains: les disciples laissés à eux-mêmes prennent la décision de retourner à Capharnaüm, et vivent quelque chose qui est une préfiguration de ce qui se passera pendant la passion: solitude, peur, non reconnaissance du crucifié redevenu vivant.

Les textes de ce livre couvrent la période qui va de juin 2019 à la Pentecôte 2020.

Mais je ne peux faire abstraction de deux événements importants qui ont eu très certainement une incidence sur ma lecture des évangiles, du moins sur les textes les plus récents (Ascension et Pentecôte): je veux parler du confinement et de la sortie de cet enfermement..

Le premier événement dont je tiens à parler, c'est une semaine que nous avons passée à Jérusalem l'an dernier, avec et grâce à notre fils François. C'était la semaine après Pâques, semaine qui était la semaine sainte pour beaucoup de chrétiens grecs, orthodoxes, éthiopiens, donc très nombreux sur la Via dolorosa et dans les différentes églises dont le Saint Sépulcre. Mais aussi semaine de vacances pour les juifs. Et les voir devant le mur des Lamentations, lors de la bénédiction de Cohanims (les rabbins), m'a permis d'imaginer que la fin des temps pourrait bien avoir lieu à cet endroit là... Il faut avoir vu cette foule.

La visite et le temps passé dans ces lieux, même si j'en avais visité certains en 1963 avec celui qui était alors le Père Jean-Marie Lustiger, change considérablement la lecture que l'on peut faire des évangiles. Et il s'en est passé des choses en 50 ans! La ville que j'ai connue était une ville arabe, alors qu'elle est israélienne maintenant.

Il est bien évident que je ne peux plus lire les récits de l'évangile de la même manière: Jérusalem, Bethléem ou Nazareth sont des lieux de mémoire, où quelque chose prend corps, et dans le passé et dans le présent. Les écrits prennent une autre saveur, un autre poids. Qu'il y ait parfois deux lieux, voir trois, pour un même événement, selon les traditions catholiques, orthodoxes, maronites, peut surprendre, mais c'est finalement très enrichissant. Il ne s'agit plus d'historicité au sens strict, mais d'une histoire qui s'est jouée à un moment du temps. Pour moi, que l'Annonciation ait pu avoir pour cadre, soit une maison (une grotte), soit une fontaine, ne me dérange pas. Passer du dedans au dehors, du silence de la maison, au bruissement de l'eau, pourquoi pas, puisque le oui de Marie a permis à la parole de l'Ange de prendre corps.

Quant au deuxième événement qui restera dans toutes les mémoires c'est ce confinement qui a commencé pour nous le troisième dimanche de Carême, quand nous sommes rentrés en "grande hâte" de la station des Arcs qui a fermé ce matin là, 15 Mars.

Très curieusement, moi qui aime jouer avec les mots, en entendant, lors de la reprise des messes en Mai, un membre de la communauté du Chemin Neuf décliner ce mot de confinement en long, en large et en travers, je me suis arrêtée aux deux premières syllabes, et si on ajoute un t, cela fait "confit" et j'ai eu l'image d'un énorme fruit confit, ces fruits que l'on fait macérer dans du sucre; et c'est un peu l'image de moi que j'avais; comme si j'avais peut-être macéré un peu trop...

Car, entre la messe du pape, ou du moins l'écoute de ses homélies, les laudes, puis la messe de l'évêque d'Evry, les groupes de louange et de prière quasiment tous les soirs, la prière de Taizé que j'ai découverte tardivement, j'ai eu l'impression d'être comme gorgée de spirituel, presque trop. C'est pour cela que je parle de fruit confit...

Ce que je veux dire c'est que pendant cette période, même si j'ai continué à écrire un peu chaque jour sur les textes proposés par la liturgie, les raconter comme j'aime le faire, c'est-à-dire les faire raconter pour les faire parler autrement, cela ne m'était pas possible; je n'arrivais à trouver le temps pour cela.

Par ailleurs une blessure au genou, mot qui peut s'entendre comme "Je Nous", ce qui n'est pas neutre quand on travaille l'évangile de Jean, m'a bien plus confinée que le confinement...

L'écriture n'a repris que que lorsque le déconfinement s'est profilé, Et ce furent les textes qui racontent l'Ascension - autour du verset "il se sépara d'eux", et la Pentecôte - autour du verset "ils furent rempli d'Esprit Saint". J'ai entendu à propos de ces textes, beaucoup de commentaires sur Jésus qui "se déconfine" de la terre, sur les apôtres "confinés dans la pièce haute", etc. Même si je comprends qu'actualiser est une bonne chose, en fait je n'apprécie ces comparaisons que modérément, car personne n'a imposé quoique ce soit à qui que ce soit. Jésus est mû par l'amour,

amour de son père, donc obéissance et amour des humains, quant aux apôtres il s'agit bien de la peur.

Je ne pense pas le déconfinement soit en lui-même une explication à la reprise de l'écriture, de ces deux textes, qui seront peut-être les derniers écrits dans ce style. Mais le fait d'avoir plus de temps pour moi, de pouvoir reprendre une vie où l'on ne doit pas compter son temps passé à l'extérieur et ne plus avoir besoin de se justifier (je pense aux attestations qui ont été très contraignantes), permet de sentir un souffle de liberté et c'est peut-être cela qui a joué pour moi.

En général un auteur ne parle pas lui. Je viens pourtant de le faire en parlant de mon genou blessé et invalidant. Je dois ajouter une petite précision. Quand j'ai fêté mes quarante ans, mon père au eu une phrase très désagréable: "Te voilà arrivée au milieu de ta vie". Alors le mois de mai dernier, qui a précédé mon 80° anniversaire - et quatre-vingt ans n'est pas un anniversaire si facile, a été très centré sur la fin de quelque chose, et en même temps sur le besoin de mettre de la plénitude dans les petits actes de la vie quotidienne. C'est peut-être ce qui m'a aussi conduit à l'envie d'écrire deux derniers billets, sur l'Ascension et la Pentecôte. Une autre forme d'écriture va peut-être naître un peu plus tard...

Et puis, en même temps que la rédaction de cette introduction, s'est posée pour moi la question de la conclusion, car a priori je ne pense pas qu'il y aura un autre tome, même si des textes continueront certainement à alimenter mes deux blogs, que ce soit
Porteuse d'eau https:// giboulee.blogspot.com

ou Intimes: https://obsidiennes.blogspot.com. Ce dernier reprenant mes réflexions sur les évangiles au jour le jour.
Alors une conclusion, mais quelle conclusion?

Ne pas conclure, ce serait comme laisser un blanc, et je ne suis pas capable de laisser le mot conclusion sans rien... Et pourtant!

Un blanc, un vide, de la place...

J'aurais peut-être pu mettre simplement le mot FIN, après le dernier texte, celui sur la Pentecôte, mais ce n'est pas ce que je voulais.
En rester au mot fin, ce serait comme pour dire que c'est fini, terminé.

Avoir publié ces textes, c'est pour les lecteurs une invitation à écouter, à lire l'Évangile et là je mets une majuscule, comme si c'était une première fois...

Se laisser happer par les lieux, les gestes, les odeurs, les senteurs, mais aussi la vie et la mort...

Lire, relire, peut-être même, "dé- lire/délire", pour relier ensuite, c'est-à-dire s'interroger sur ces mots, sur ces phrases que l'on connaît si bien, je dirais trop bien, devant lesquelles on s'extasie par habitude - mais qui sont de mon point de vue devenues un peu vides, parce qu'on les connaît trop - c'est un travail que chacun peut faire pour entrer dans la Vie. Et la Vie, c'est tout le message de l'Evangile de Jean: "La vie éternelle, c'est qu'ils te connaissent, toi le seul vrai Dieu et celui que tu as envoyé, Jésus-Christ" Jn 17, 3.

Alors ce blanc, c'est aussi permettre à chacun un envol, pour regarder Celui qui a vécu sur cette terre d'Israël il y a des siècles, pour se demander comment il a été entendu ou pas entendu, lui qui disait: "Que celui qui a des oreilles, qu'il entende". Mais c'est aussi voir à travers ce corps d'homme, parfois fatigué, parfois énervé (car souvent il y avait de quoi être énervé devant l'endurcissement des uns et des autres), le Tout Autre. Ce que je veux dire, c'est que le risque de réduire Jésus au vraiment homme, en oubliant le vraiment Dieu, est réel; que le clivage est toujours facile; et que le rôle de l'Esprit qu'il a donné à tous, c'est bien d'entrer dans ce mouvement de révélation.

Alors un blanc aussi, parce que ceux qui ont écrits ces textes se sont adressés à des communautés différentes, qu'ils ont raconté tantôt pareil et tantôt pas pareil, et que cela parfois nous heurte et que c'est une bonne chose, mais que la bonne nouvelle demeure, et que c'est à nous aujourd'hui, à notre manière, je dirai avec notre charisme, de la faire s'envoler pour qu'elle demeure vivante.

―――

ÉVANGILE DE MATTHIEU

La fuite en Égypte. "Lève toi, prends l'enfant et sa mère, et rends-toi en Egypte" Mt 2,13

En lisant ce récit de ce que l'on appelle la fuite en Egypte (Mt 2,13-15 et 19-23), j'ai été frappée par les verbes utilisés par l'Ange, car de fait ce sont les mêmes que ceux que Jésus utilisera pour un certain nombre de guérisons: *se lever, prendre, et aller vers.* Pour le paralytique de Capharnaüm c'est se lever, prendre son grabat et marcher (se mettre en route). Parfois, ce sera se lever, prendre sa croix et suivre. Parfois encore ce sera prendre, manger et faire mémoire. Et c'est aussi ce qui a été demandé à Abraham (Gn 12).

Alors si Matthieu, dans son évangile, nous montre que c'est comme cela que l'Ange du Seigneur (c'est à dire le Seigneur) s'adresse parfois aux hommes, c'est qu'il veut aussi nous montrer que c'est comme cela que, dans nos vies d'aujourd'hui, Jésus s'adresse à nous: nous lever, prendre (... sa croix, ses richesses, sa famille) et aller là où nous n'avions peut-être pas envie d'aller; sur ce chemin que nous avons à découvrir, et qui n'est pas un chemin d'exil, mais le chemin vers Celui qui est le chemin, la vérité et la vie.

Joseph raconte

Quand les sages sont venus chez nous, à Bethléem, ils nous ont apporté de l'or, de l'encens, et de la myrrhe. Je ne savais pas trop que faire avec ces présents; mais aujourd'hui, alors que nous sommes en route vers l'Egypte, je suis bien content d'avoir avec nous ces trésors qui vont nous permettre d'en vivre.

Il faut dire que nous avons quitté notre maison en catastrophe. Les étrangers nous avaient dit qu'ils avaient eu un songe leur disant de ne pas retourner à Jérusalem pour voir Hérode, et ils étaient partis sans se faire remarquer. Et j'étais très inquiet, car Hérode est un roi méchant et cruel, capable de tout pour garder le pouvoir. Alors s'il se sent menacé par mon fils, il est bien capable de le tuer, et nous avec. Je n'arrivais pas à vraiment me reposer, je me sentais dans un état de trouble, un peu comme lorsque Marie était venue me parler de cet enfant qu'elle attendait et qui n'était pas le mien. Et, comme cette fois là, j'ai entendu une voix, très ferme qui me disait de partir immédiatement, car le danger était là. Alors je me suis levé, j'ai réveillé ma femme et mon fils, j'ai pris les trésors, j'ai pris mon âne et nous sommes partis vers Alexandrie, en Egypte, car là j'ai de la famille.

Je crois que j'ai alors compris ce que notre père Abraham avait pu ressentir lorsqu'il a entendu l'appel du Seigneur à quitter son pays, le lieu où ses pères avaient vécu, et de partir, de tout laisser. Je sais qu'il est parti avec ses richesses, et moi je n'ai rien que cet enfant, ma femme et les dons des étrangers. Je suis devenu un exilé, nous sommes devenus des exilés, mais obéir aux ordres du Très haut, c'est le plus important.

Nous avons appris à vivre autrement durant ces mois passés en exil, mais nous avons été accueillis, entourés et j'ai même pu m'installer. Nous commencions à nous y trouver bien.

Puis, j'ai appris qu'Hérode, était mort. J'avais aussi appris que ce roi sanguinaire avait mis à mort tous les enfants de l'âge de mon fils, tellement il avait peur de perdre sa couronne, comme si mon fils avait l'intention de la lui prendre. Je me disais qu'il serait peut-être possible de rentrer chez nous. J'en parlais avec Marie mais elle ne savait pas trop.

Et un songe est advenu... À nouveau cette présence d'un être tout autre, qui me donnait l'ordre de rentrer chez moi. Et là, je me disais que mon fils, il était un peu comme Moïse, qui après son exil à Madian était revenu en Egypte pour faire sortir le peuple de l'esclavage, pour lui redonner sa liberté, pour en faire un peuple. Car mon fils, bien sûr il ne sera pas un roi, pas comme Hérode pouvait le croire, mais il sera celui qui donnera la vraie liberté, celle qui affranchit du péché.

J'ai obéi, et nous sommes rentrés, étape après étape. Mais nous ne sommes pas revenus à Bethléem, nous sommes allés en Galilée, à Nazareth, dans cette petite ville, proche d'une ville grecque, ce qui allait me permettre de trouver du travail, et de faire vivre ma famille dans l'honneur.

―――

Appel de disciples. "Seigneur permets-moi d'abord d'aller enterrer mon père" Mt 8,21

Les versets de l'évangile de Matthieu, Mt 8, 18-22, proposés hier mercredi 1° juillet 2019, étaient très proches de ceux qui avaient été lus le dimanche précédent dans l'évangile de Luc. Mais dans Matthieu, la réponse de Jésus à cet homme qui vient de perdre son père, est rapportée dans un contexte très différent. Si chez Luc, on est au moment où Jésus commence la longue montée qui va le mener à Jéricho puis à Jérusalem, ici, dans l'évangile de Matthieu, on est au début de la vie publique, juste après le grand discours sur la montagne (Mt 5-7).

En écoutant ce texte, j'ai pensé que ce disciple, qui vient d'entendre que Jésus veut partir sur l'autre rive, et qui par ailleurs, vient certainement d'apprendre que son père vient de mourir, a dû être plus que surpris par la réponse de son maître - "*Laisse les morts enterrer leurs morts*", alors que tout bon fils se doit de faire ce qu'il faut pour son père quand ce dernier est mort. Peut-être qu'en suivant Jésus, en allant dans la barque, en n'obéissant pas aux rites, il a alors vécu quelque chose de l'ordre d'une nouvelle naissance.

Le disciple qui voulait enterrer son père raconte

Quand il nous a dit qu'il voulait partir, aller sur l'autre rive, faire des guérisons et chasser les esprits mauvais, j'ai trouvé que c'était bien de quitter Capharnaüm. Seulement quelqu'un de ma famille est venu m'annoncer que mon père venait de mourir. Et du coup, j'étais bien partagé. C'est aujourd'hui qu'il va être mis en terre. Et normalement c'est à moi d'être là et de chanter le Kaddish. Et ensuite je pourrai bien rattraper Jésus dès demain; ma famille comprendra.

Mais comme je fais partie des disciples, j'ai voulu mettre Jésus au courant de ce qui se passait, lui faire comprendre que j'allais m'absenter le moins longtemps possible, mais m'absenter quand même. Et là il m'a littéralement soufflé. J'ai eu un peu l'impression que le monde s'effondrait... Il avait déjà donné une réponse étonnante à un scribe qui, comme la Ruth de Naomi, voulait le suivre partout où il irait: Il lui a fait comprendre que lui, le Fils de l'Homme, n'avait pas de lieu pour se reposer, et que le suivre, ça n'allait pas être de tout repos, surtout pour un scribe, qui a quand même ses habitudes... Je crois que le scribe, ça l'a refroidi...

Ce que je veux dire, c'est que je m'attendais à ce qu'il m'embrasse, me console.. Mais non, pas du tout. Il a eu une phrase à la fois terrible, parce que c'était un "non", et étonnante, parce qu'il m'a dit: **"Laisse les morts enterrer leurs morts"**. *Sauf que je n'ai pas compris. Enfin ce que j'ai compris, c'est qu'en le suivant, il faisait de moi un vivant, et que c'était la vie que je devais proclamer, le salut, et non retourner en arrière, pleurer et me lamenter avec eux parce que mon père était mort. Mais ce n'est pas si simple...*

Ensuite j'ai embarqué avec lui. Et là, il y a eu une tempête comme j'en ai rarement vu. On aurait dit que la mer voulait absolument nous faire chavirer. Il y a un psaume qui parle de nos ancêtres qui ont pris la mer, et qui dit: "Et ils criaient vers le Seigneur dans la détresse: de leur angoisse il les a délivrés.

Il ramena la bourrasque au silence, et les flots se turent" (Ps 107, 28-29). *Sauf que là, ce n'était pas le Seigneur qui avait envoyé cette tempête, c'étaient toutes les forces de mal qui se déchaînaient pour nous noyer, pour noyer Jésus, pour l'empêcher de continuer son œuvre. Et - ne me croyez moi si vous voulez - mais lui, il dormait comme un bienheureux.*

C'était incroyable, il dormait vraiment comme une souche. Alors Simon, celui qu'on appelle Pierre est allé le réveiller. Il fallait qu'il fasse quelque chose, sinon on allait tous mourir. On était vraiment en danger de mort. Et là, sa réponse une fois de plus m'a déconcerté. C'est tout juste comme s'il nous engueulait, en nous demandant pourquoi nous étions aussi paniqués, comme si nous ne savions pas, que lui avec nous, nous n'avions rien à craindre, qu'il était notre rocher, notre bouclier?

Il s'est mis debout dans ce bateau qui tanguait, qui prenait du gite, et un peu comme Moïse, mais sans bâton, il a menacé la mer et celle-ci s'est calmée. Il y a eu un grand silence, et on n'entendait plus que le clapotement des vagues contre la barque.

Peu de temps après, on a trouvé le port. Et ceux qui étaient là, qui avaient vu et entendu la tempête, et le calme qui avait suivi, étaient dans l'étonnement devant mon maître, qui est le maître des éléments.

Alors moi, qui ai cru mourir sur cette barque, j'ai été vraiment sauvé aujourd'hui, et j'ai bien fait de lui obéir, de ne pas aller enterrer mon père. Il voulait que je sois un vivant. Désormais je pourrai expliquer aux autres ce qu'est le salut, et pourquoi son nom - "Dieu Sauve" - n'est pas un nom donné comme cela, mais qu'il est vraiment celui qui nous délivre de la mort.

———

Les paraboles. "Pourquoi leur parles-tu en paraboles?" Mt 13,10

Le chapitre 13 de l'évangile de Matthieu est consacré à une nouvelle forme d'enseignement de la part de Jésus, l'enseignement en paraboles. Jésus essaie de faire comprendre ce que l'on peut entendre ou comprendre du mystère du royaume des cieux. Des paraboles, il y en aura d'autres, et ceux auxquelles elles s'adressent (la parabole de vignerons homicides par exemple) seront bien comprises par les prêtres et les scribes présents à ce moment là. Mais bien souvent, de nos jours, les "homélies" se centrent sur la moralisation de ces textes, et je me demande si c'est ce que Jésus voulait ou aurait voulu.

Cette manière de parler n'est pas nouvelle dans la Bible, puisque Salomon s'exprimait déjà ainsi; et cela permet aux auditeurs de penser que Jésus est un nouveau Salomon, donc le roi choisi après David pour gouverner le peuple; mais elle semble quand même pas mal déconcerter les disciples - qui lui demanderont d'expliquer clairement la parabole de l'ivraie - et donc a fortiori la foule.

Mais peut-être que Jésus, a déjà fait l'expérience d'une foule versatile, dont les yeux ne sont pas ouverts, dont les oreilles sont bouchées, et qui ne peuvent entendre et comprendre que Dieu a envoyé son fils pour sauver autrement que par des guérisons ou des miracles.

J'ai essayé de me demander comment quelqu'un de bonne volonté, dans la foule des anonymes qui écoutent Jésus, a pu recevoir ces petites histoires, d'autant que Jésus dit bien que, s'il a choisi à partir de ce moment là d'utiliser cette manière de parler, seuls les disciples en auront les clés. Et j'ai imaginé qu'un ancien collègue de Matthieu, un de ceux qui avaient participé au repas donné par ce dernier quand il a été appelé, va le voir et lui demande de l'aider à comprendre.

Un ami de Matthieu raconte

Quand mon ami Matthieu, le collecteur d'impôts qui était à l'entrée de la ville, a suivi cet homme étonnant qui se nomme Jésus, j'étais là. J'ai assisté au repas qu'il a donné ensuite. Lui, Matthieu, fils de Lévi, a tout quitté pour le suivre. Moi, je n'ai pas été appelé ainsi, mais la transformation de mon ami m'a étonné, interloqué; et depuis j'essaie d'écouter ce que raconte ce Jésus; chaque fois qu'il parle, j'écoute.

Il y a quelques jours, il était sorti de la maison de Simon, qui maintenant se nomme Le Roc, et il était allé sur le rivage. Moi je n'étais pas loin, et je n'étais pas le seul à le guetter. Très vite il y a eu plein de monde, plein d'éclopés, plein de possédés; mais lui, ce jour-là, n'a guéri personne.

Il a demandé à Simon de monter dans sa barque, et s'est un peu éloigné; et il s'est mis à parler, mais pas comme d'habitude..

Il s'est mis - comme certains rabbins - à parler en racontant des petites histoires. Ces histoires ont en principe une morale. Parfois elles font penser à des contes pour enfants.

Il a raconté une histoire étonnante, une histoire qui parle je pense du Très Haut, mais qui le transforme en semeur. Peut-être que le semeur c'est aussi Jésus, mais je ne suis pas trop sûr. Et ce semeur, il ne sème pas dans un champ prêt à recevoir le grain. Non, il sème partout, il sème à tout vent, presque comme s'il était aveugle. Moi je pense qu'il est fou ce semeur; et en même temps il est plein d'espoir: il veut utiliser tout ce qui pourrait produire du grain.

Alors, il sème sur le sol sec, tellement sec que la graine ne peut pas s'enfoncer; et Jésus dit que les oiseaux du ciel vont se régaler, mais que, pour le rendement, ça sera zéro.

Ensuite, il sème sur un terrain où il y a des espèces de rochers qui affleurent à la surface de la terre; et là, oui, ça va pousser au bout d'un certain temps. Seulement voilà, il n'y a pas assez de terre; et alors quand le soleil donnera, ça va brûler sur place; rendement, à nouveau zéro.

Puis il sème là où il y a des ronces. Sous les ronces, la terre est là, et après tout, la terre fait bien pousser les ronces. Ces ronces qui sont aussi la punition d'Adam: au lieu de porter du grain, la terre porte des ronces qui étouffent tout. Un terrain avec des ronces, c'est un terrain qui n'est pas entretenu. Alors semer là, quelle drôle d'idée. Bien sûr, avec la terre, ça a poussé un peu, mais finalement le rendement est nul. Comme si la terre se retournait contre le travail du semeur.

Et puis le semeur est arrivé là où la terre avait été retournée et préparée; et là, il y a eu du rendement. Et Jésus n'a rien ajouté; moi je suis resté sur ma faim. Il a juste dit: "Que celui qui a des oreilles, qu'il entende". Moi des oreilles, j'en ai, mais je n'ai pas trop compris.

Ce que j'ai retenu, c'est que par trois fois c'est du zéro pour le rendement et que par trois fois, il y a du rendement. Alors, cela fait finalement du cinquante-cinquante, ce qui n'est pas si mal.

Après, il a raconté une autre histoire. Il a parlé d'un homme qui a semé du bon grain dans son champ; enfin ses serviteurs ont fait ça. Et puis pendant la nuit il y a son ennemi qui est venu planter de l'ivraie. Et c'était facile, parce que le terrain venait d'être préparé. Et puis le temps a passé. Et d'un coup les serviteurs ont vu l'ivraie qui pointait en même temps que le blé. Ils ont cru que c'était le maître qui avait fait ça, mais il les a détrompés. Il leur a expliqué que c'était son ennemi qui l'avait fait pendant la nuit. Alors eux ont demandé s'il fallait arracher l'ivraie; ce n'était pas une mauvaise idée, mais lui a dit qu'il fallait attendre la moisson et que là, on séparerait les deux et qu'on brûlerait l'ivraie.

Et là encore, il n'a rien ajouté, il n'a rien expliqué. Bon, moi je pense que là, il ne doit pas s'agir d'un homme, mais du Seigneur, et que l'ennemi c'est le Satan, mais je ne suis pas trop sûr de moi. Et je me suis demandé si le champ, ce n'était pas moi, avec ces pensées qui sont en moi et qui ne sont pas bonnes et qui m'empêchent de faire le bon que le Très Haut me demande de faire.

Un autre jour, il a raconté encore d'autres histoires; il a parlé d'un homme qui doit cultiver un champ qui ne lui appartient pas, et qui trouve un trésor. Et là, au lieu de prévenir le propriétaire, il vend tout ce qu'il a et achète le champ: et le trésor est pour lui. Puis dans la foulée, il a parlé d'un homme qui est négociant en perles. Les perles, ce doit être toute sa vie pour cet homme; et il en trouve une d'une telle beauté et d'une telle forme qu'il vend tout pour l'avoir à lui. J'admets qu'on puisse faire cela. Mais qu'est ce qu'il veut nous faire comprendre? Est ce que pour mon ami Matthieu, Jésus est la perle rare?

Matthieu a bien voulu m'expliquer comment il faut comprendre ces paraboles. On dit qu'autrefois Salomon parlait et interprétait les paraboles. Peut-être que Jésus est aussi un nouveau Salomon, un nouveau roi, qui nous donnera notre vraie place. Bon cela c'est mon rêve.

Matthieu a dit que seuls ceux qui Le suivent ont reçu du Très Haut de connaître les mystères du royaume de Dieu, mais pas nous, la foule. Donc ça veut dire que ce qu'il nous raconte, c'est une manière de parler du royaume des cieux. Il s'est plaint que notre cœur s'alourdisse, que nos oreilles soient devenues dures, que nos yeux soient incapables de voir; et que du coup nous ne pouvons pas nous convertir...

 Et c'est vrai qu'avec la vie que nous menons ce n'est pas facile de vivre comme de bons juifs, comme ces justes dont parlent nos écritures. Mais lui, il a guéri les aveugles, les sourds, les lépreux... Alors peut-être qu'il nous guérira de notre aveuglement et de notre surdité. Et je me dis que s'il explique le sens de ses histoires à ceux qui lui sont proches, c'est pour qu'ils nous expliquent, à nous, ce qui s'est dit là. J'ai de la chance, moi, avec mon ami Matthieu.

Ainsi la première histoire: il paraît que c'est un semeur qui ne lance pas du grain, mais des paroles. Et ces paroles, quand elles tombent sur un cœur sec (c'est comme cela que j'ai envie de raconter à mon tour), elles ne peuvent pas entrer en profondeur; et même si on a trouvé bien ce qu'il disait, le Mauvais s'arrange pour qu'on oublie.

Quand elles tombent sur un sol pierreux - et moi j'ai envie de parler du cœur de pierre qu'un jour Dieu remplacera par un cœur de chair, lui, il dit que oui ça lève, mais que ça ne dure pas. Ce sont un peu des girouettes. Ils oublient vite.

Quand elles tombent sur des ronces - et pour moi un terrain avec des ronces, c'est soit un terrain pas entretenu, soit un terrain encombré déjà par pas mal de choses, un cœur pas facile à atteindre - lui il dit que c'est un cœur qui dans un premier temps est tout feu tout flamme, mais que quand la vie avec ses ennuis arrive, eh bien cela se passe comme si tout était étouffé, comme un feu qui prend vite et qui s'éteint faute d'aliments.

Et puis la bonne terre, qui attend, elle retient la parole; et la parole - c'est ça qui est important - à son tour elle va produire quelque chose. Et quand mon ami Matthieu m'explique, je trouve que la parole, en lui, porte beaucoup de fruits.

Bien sûr, je me suis demandé quelle sorte de terre j'étais, quelle sorte de cœur j'avais. En fait je ne sais pas trop, je me dis que la parole parfois il faut du temps pour qu'elle se niche en soi et fasse son chemin. Simplement je veux continuer à écouter et entendre son enseignement.

Après, il m'a expliqué la parabole de l'ivraie, qui est plus simple. Elle concerne le présent, à savoir qu'il y a toujours du bien et du mal, et qu'à la fin des temps le mal, et ceux qui font le mal, iront brûler à tout jamais; et ça c'est une bonne nouvelle. Il m'a aussi dit que Jésus avait dit qu'à la fin des temps les anges jetteraient un filet sur tous les hommes, et qu'ils feraient le tri pour enlever les méchants du milieu des bons. Là, ça me plaît bien..

Seulement la question que je me pose, c'est bien de savoir si moi, tel que je suis, avec mon métier, avec ma famille, est-ce que je serai capable de porter du fruit, au moins un peu, pour que le royaume advienne. Il faudra que je demande à Matthieu, et qu'il m'explique quand lui aura compris...

Je sais que pour pousser, le grain a besoin d'eau. Quand l'eau est là, un terrain sec peut produire. Je sais aussi que quand il y a des ronces, il faut les couper, les arracher, et la terre produit. Et je sais aussi qu'après une bonne pluie, les terrains où il y a de la roche produisent des fleurs magnifiques. Alors moi je vais demander au Très Haut qu'il fasse pleuvoir sur notre terre, sur la terre de mon cœur, pour qu'elle donne des fleurs et des fruits..

―――

Le figuier desséché. "Et à l'instant même, le figuier se dessécha" Mt 21,19

Dans l'évangile de Matthieu, cet épisode est placé après l'entrée triomphale à Jérusalem.

Au cours de la première journée, Jésus avait chassé les vendeurs du Temple, et guéri des aveugles et des boiteux, leur permettant ainsi d'entrer dans le Temple, ce qui leur avait été interdit par le roi David. Puis il avait passé la nuit du côté de Béthanie.

C'est le lendemain au petit matin, alors qu'il se dirige vers le Temple, qu'il a faim et que, ne trouvant pas de figues, il prononce des mots qui assèchent le figuier. On peut comprendre la stupeur des disciples. Jésus leur parle alors de la foi qui peut déplacer les montagnes.

En lisant ce petit texte avec notre groupe qui travaillait sur l'évangile de Matthieu, je me suis dit que ceux qui avaient été là ce jour là avaient eu de quoi être déconcertés. Et j'ai eu envie de laisser parler Pierre; mais je me suis aussi servie de quelques versets de l'évangile de Jean (la vigne et les sarments) qui, même si chronologiquement ils n'ont pas leur place ici, m'ont paru importants.

Pierre raconte

Alors là, alors là, les bras m'en tombent, comme ces feuilles, ces grandes feuilles de figuier toutes sèches qui jonchent le sol ou s'envolent! Ce figuier, il était là sur notre route. C'était un bel arbre, plein de feuilles toutes neuves, parce que le printemps est là. Cet arbre, il aurait dû donner ces petites figues vertes qui sortent en même temps que les fleurs de la vigne, comme le dit le Cantique des Cantique (Ct 2, 13). Je ne sais pas si c'est parce qu'en Judée le climat est différent, mais les figues n'étaient pas au rendez-vous. Et Jésus, qui avait faim, est - si je puis dire - resté sur sa faim.

L'ennui, c'est qu'avec lui, on ne sait jamais trop s'il a faim pour de vrai, ou s'il a faim d'autre chose. Une fois, on était en Samarie, on s'était arrêté près du puits de Jacob, on était partis chercher de quoi manger, et quand est revenu avec des provisions (et quand on est juif, faire des achats chez les Samaritains ce n'est pas facile), il nous a dit qu'il n'avait pas faim, que sa nourriture était de faire la volonté de son Père; et on s'est trouvé tout bêtes.

Cet arbre qui était tout feuillu, cet arbre dont les feuilles qui sont comme divisées en cinq parties évoquent pour nous les livres de notre Père Moïse, et dont les fruits symbolisent la sagesse, il était trompeur.

Et Jésus, lui qui a guéri un homme dont la main était toute maigre, toute sèche, il a maudit cet arbre. J'ai pensé à notre prophète Elie, quand il avait provoqué une famine en Israël en disant: "Par le Seigneur qui est vivant, par le Dieu d'Israël dont je suis le serviteur, pendant plusieurs années il n'y aura pas de rosée ni de pluie, à moins que je n'en donne l'ordre" (1R 17,1). Je dis cela parce que Jésus, lui, a dit: "Que plus jamais aucun fruit vienne de toi". Et immédiatement les feuilles ont commencé à se dessécher et à tomber.

En fait, je ne sais pas trop ce qu'ont pensé les autres, mais moi, j'ai eu un peu peur devant un tel pouvoir. Quand il guérit, je ne me pose pas trop de questions, parce que c'est bien comme cela qu'il montre qu'il est le Messie, l'Envoyé, mais là...

Pourquoi n'a-t-il pas fait pousser les figues en un clin d'œil? Après tout, il est capable de tellement de choses. Ne nous a-t-il pas fait attraper une grosse quantité de poissons en plein jour, alors que nous n'avions rien pris de la nuit? N'a-t-il pas apaisé une énorme tempête, n'a-t-il pas donné du pain à manger à je ne sais plus combien de personnes? Mais là, il a maudit...

Je me suis dit: et moi, si je ne donne pas ce qu'il veut, si je ne donne pas de fruits, de bons fruits, qu'est ce que je vais devenir? Un jour il a dit qu'il était la vigne et que tout sarment qui ne portait pas de fruit, il était coupé pour être brûlé. Je fais ce que je peux, mais je ne suis pas sûr du tout de faire ce qu'Il veut que je fasse. Bon, ça c'est pour moi, pour expliquer un peu ma peur. Sauf que je l'aime et qu'il le sait, et que je pense que mes fruits finiront bien par arriver.

Et puis, j'ai eu comme l'impression que cet arbre, trompeur finalement, c'était un peu comme toutes ces personnes qui sont venues hier nous dire de faire taire la foule qui l'acclamait quand il est entré dans Jérusalem, ces personnes qui pensent qu'elles ont le savoir et la connaissance et qui méprisent les pauvres, les traine-savates; ils prennent Jésus pour quelqu'un de dangereux.

Je ne sais pas, mais c'est possible: eux qui vivent à Jérusalem, eux qui sont dans le Temple, qui récitent la loi tous les jours, qui la connaissent par cœur, ils peuvent séduire, mais leurs fruits, est ce qu'ils sont au rendez vous? Peut-être pas.

Je crois qu'il aurait aimé que ceux-là, qui se prennent pour les bergers, reconnaissent que c'est lui le berger, reconnaissent qu'ils ne s'occupent pas du tout des petits, des défavorisés; qu'ils les jugent sans chercher à les comprendre en se réfugiant derrière le légalisme.

Naturellement, on n'a pas osé lui poser de questions. Depuis qu'on a quitté la Galilée, il n'est plus le même. Il est un peu comme un condamné qui sait que ses jours sont comptés. Et voilà qu'il nous sort une de ces phrases dont il a le secret, une des phrases qui nous chamboulent.

Il nous a affirmé que si on a la foi, on peut ordonner à une montagne qu'elle aille se jeter dans la mer, et qu'elle le fera. Déjà que parfois réussir à chasser un esprit mauvais on n'y arrive pas.. Mais déplacer une montagne? Vous vous rendez compte.

Moi je veux bien mais à quoi ça sert. Pardon, mais si une montagne fait ça, ça va provoquer des vagues énormes, et surement des inondations, alors je ne comprends pas trop ce qu'il a voulu faire, ce qu'il a voulu nous faire comprendre. Peut-être que quand il parle de montagne, il parle des montagnes dans notre vie, qui obscurcissent le ciel.

Et pourtant lui, il en déplace des montagnes, des montagnes d'incrédulité, des montagnes de doute.

Et je me suis dit qu'ici, des montagnes il y en a. Que le temple nous domine, que le mont des Oliviers nous domine, le Mont Sion nous domine. Peut-être qu'un jour tout cela sera détruit, renversé, parti. Je ne sais pas, mais là encore, j'ai un peu peur. Quelle est cette foi qui renverse les montagnes?

Parfois, il nous parle d'une force qui nous sera donnée quand lui sera parti. C'est certain que nous n'aimons pas du tout quand il parle comme ça. Mais déplacer les montagnes, ce n'est pas pour nous les hommes, c'est pour Dieu, qui les a créées et qui peut les faire danser de joie. Alors peut-être que ce qu'il nous dit, c'est qu'un jour, comme Lui, nous aurons en nous cette force qui ne sera pas de nous, mais qui sera là, et qui nous permettra de déplacer les montagnes, de parler en son nom, de guérir et de proclamer, comme je l'ai fait un jour, qu'il est le Messie, le Fils du Dieu vivant; et qu'il a les paroles qui donnent la vie.

———

La résurrection. "L'ange du Seigneur descendit du ciel, vint rouler la pierre et s'assit dessus". Mt 28,2

Les récits de la résurrection sont différents d'un évangile à l'autre, et notamment entre les synoptiques. Si, dans l'évangile de Marc, il y a un jeune homme vêtu de blanc qui dit aux femmes la même phrase que l'on trouve chez Matthieu, dans l'évangile de Luc il y a deux hommes vêtus de blanc, et une grande peur chez les femmes.

En travaillant à la rédaction du "Bibletudes" (http://www.plestang.com/chrietub.php) consacré à ce chapitre, j'ai eu envie de laisser parler cet "Ange du Seigneur", cet Ange qui traverse toute la Bible. Et on peut se demander si cet Ange, assis sur la pierre qu'il a roulée et qui révèle l'ouverture, n'est pas à mettre en parallèle avec les chérubins armés d'une épée qui, dans la Genèse, bloquent l'entrée de l'Eden. La pierre a été roulée, désormais la porte est à nouveau ouverte par Celui qui est le Chemin, la Vérité et la Vie.

L'Ange du Seigneur raconte

Je me souviens de la tête de Gédéon quand je me suis invité dans son pressoir où il battait le blé en cachette pour le soustraire aux Madianites. Et surtout de sa tête quand le feu a jailli du rocher pour consumer les offrandes qu'il m'apportait. Je me souviens aussi de la tête de la mère de

Samson quand je lui suis apparu pour lui dire qu'elle allait attendre un fils qui serait un sauveur pour le peuple.

Je me souviens aussi de Marie, de Joseph, de Zacharie, quand je me suis présenté à eux. Mais pour eux, je n'étais pas dans la Gloire qui m'enveloppe ce matin, au petit jour. Il n'y avait pas cette Lumière qui éclaire tout, qui révèle tout, qui illumine cette colline. Non, j'étais signe d'une présence, qu'ils ont compris comme étant Présence d'un envoyé du Très Haut.

Mais aujourd'hui, je me présente pour faire comprendre à ces soldats qui montent la garde devant un tombeau vide; mais cela ils ne le savent pas, qu'ils ne sont rien, mais vraiment rien devant la face de Dieu. Qui peut tenir devant l'éclat de sa puissance? Qui peut se mesurer à Lui?

Alors je suis cet être lumineux, cet être qui semble immense, cet être si fort qu'il peut rouler avec un seul doigt la pierre qui ferme le tombeau. Oui, ils ont scellé la pierre, comme si cela pouvait empêcher quoi que ce soit...

Je suis assis sur cette pierre, la terre a tremblé; mais ce n'est pas elle qui a ouvert le tombeau. Les hommes ont eu peur, car c'était la deuxième fois que la terre tremblait en si peu de temps. La première fois, des tombeaux s'étaient ouverts. Là, le tombeau ne s'est pas ouvert, parce qu'il n'avait pas de corps à rendre. Mais il fallait que la lumière pénètre en lui, et moi, l'Ange du Seigneur, j'ai roulé la pierre, cette pierre qu'ils avaient scellée pour qu'il soit impossible d'entrer dans le tombeau pour prendre le corps. Je l'ai touchée et elle s'est déplacée, cette pierre.

Et je me suis assis sur elle...

Alors j'ai vu les hommes perdre pied à ma vue, tomber sur le sol, morts de peur, eux qui n'ont pas eu peur de mettre la main sur le Fils. Et, en moi, j'ai souri. Qu'ils aillent rapporter cela aux grands-prêtres! Qu'ils comprennent ce qu'ils ont fait, et qu'ils s'humilient enfin devant la face du Très-Haut.

Et j'ai vu les femmes, qui elles aussi semblaient terrifiées; mais pas de la même manière. Elles se demandaient si je n'étais pas Jésus, revenu à la vie, sous cette forme qui montrait au monde sa divinité. Je leur ai parlé, les ai rassurées. Puis comme mon rôle est de transmettre les ordres du Très Haut, je leur ai transmis le message que j'avais reçu.

Je leur ai dit que Jésus était revenu à la vie: mais la Vie avec une majuscule; qu'il était le Vivant, qu'elles devaient entrer dans la grotte pour voir de leurs yeux qu'il n'était plus là, et qu'elles devaient aller voir les disciples et leur dire que Jésus les attendait en Galilée.

Elles ne sont pas entrées dans le tombeau. Elles ont laissé en plan les aromates qu'elles avaient préparées; elles ont pris, si je puis dire, leurs jambes à leur cou pour prévenir les autres. Et j'ai vu Jésus, qui était là devant elles, comme pour les rassurer; comme pour leur dire qu'il était là avec elles, qu'il ne les avait pas abandonnées.

Moi, je voyais tout ça d'un peu plus haut, car j'avais disparu à leur vue; mais voir le Fils de l'Homme se manifester, c'est ma Joie.

Elles sont tombées à ses pieds. Elles ont même attrapé ses pieds, comme pour le retenir, comme pour être sûres que ses pieds étaient bien sur le sol, qu'il ne flottait pas, qu'il n'était pas un fantôme! Elles se sont prosternées devant lui, et là, elles ont bien dû lâcher ses pieds. Je suis sûr que mon Seigneur devait rire en Lui-même!

Il leur a dit ce que je leur avais déjà dit: d'aller dire à ses frères qu'ils doivent quitter Jérusalem et se rendre en Galilée, là où tout avait commencé, là où ils l'avaient vu, reconnu comme le Messie.

Je crois qu'après la peur qu'elles ont dû avoir en me voyant tout nimbé de lumière, il a comme toujours bien fait de se montrer ainsi à elles, de les rassurer, pour qu'elles ne soient plus dans la peur, mais dans la Joie, et pour qu'elles soient comme les apôtres de sa résurrection.

———

ÉVANGILE DE MARC

L'appel de Lévi . "Il mange avec les publicains et les pécheurs" Mc 2,16

Ce verset se trouve presque au début de l'évangile de Marc, et montre d'emblée l'incompréhension qui va grandir au fil des semaines entre Jésus et les pharisiens. Jésus vient d'appeler à sa suite Lévi, le collecteur d'impôts, qui donne ensuite un repas.

Cet appel est plus ou moins développé selon les synoptiques. Il vient juste après la guérison du paralytique; et, à sa manière, celui qui est derrière sa table est aussi un paralysé.

Alors c'est une guérison qui se passe, une libération. Ce qui m'a frappée, c'est que Lévi (ici il n'est pas appelé Matthieu) donne ensuite un repas (un festin chez Luc). Et je pense que ce repas, auquel participent les autres collecteurs d'impôts, mais aussi des pécheurs, c'est le repas préparé par Dieu, avec des viandes savoureuses, pour les nations (Is 25,6). C'est un "beau repas".

C'est un texte que j'ai déjà travaillé : http://giboulee.blogspot.com/2013/07/matthieu-lapotre.html, mais en le relisant, j'ai eu envie de le dire autrement, de laisser parler quelqu'un qui a vu ce qui s'est passé, qui a regardé, qui a participé de loin, et que cela a mis en mouvement.

Quelqu'un raconte

C'est quand même bizarre ce qui s'est passé. Vous savez, Lévi, le collecteur d'impôts, celui qui passe sa vie assis à son bureau d'octroi, à calculer combien on doit payer pour tout ce qu'on a pêché ou cultivé, et qui s'en met plein les poches sur notre dos, eh bien il est devenu un disciple de cet homme qui est peut-être le messie que nous attendons, celui qui va nous libérer des Romains et de leurs injustes impôts. Car les impôts, vraiment, on en a assez, il y en a trop.

Si ce Jésus pouvait nous libérer de ça, qu'est ce que ça serait bien, on pourrait vivre tellement mieux. Et s'il nous libérait carrément des Romains, alors là, je n'ose même pas en rêver. Mais après tout, le Dieu de nos pères nous a bien libérés des Égyptiens, et nous a donné à nous, et pas aux Romains, le pays où nous habitons.

Il faut dire que ce Jésus, il est étonnant. Pour un fils de charpentier qui n'a pas fait d'études, il a une sacrée autorité: il appelle, et on le suit. C'est ce qu'il a fait avec Simon et André, et avec les fils de Zébédée. Ils ont tout laissé en plan, leur barque, leurs filets, leur père même, et ils le suivent. Il enseigne, il fait des choses incroyables: il délivre les possédés, il guérit les malades et même les lépreux; il pardonne les péchés, et ça, c'est plus que surprenant. Et souvent on ne sait pas où il est, où il va. Il est là, puis il disparaît. Ceux qui sont avec lui disent qu'il prie seul dans la montagne.

Mais pour en revenir à Lévi, Jésus - qui cherchait manifestement un endroit où enseigner sur le bord du lac - est passé devant lui. Comme je n'étais pas loin, j'ai entendu qu'il disait "Suis-moi!", sauf que je ne savais pas trop à qui il s'adressait. Et j'ai vu Lévi se lever, avec un grand sourire, laisser son escabeau, laisser sa table, et le suivre.

Et pourtant vous savez, le Lévi, il ne s'en laisse pas conter, même si on pense du mal de lui. Il a la chance d'avoir eu un père qui était déjà comme lui collecteur d'impôts, un de ces collaborateurs des Romains, un de ces hommes qui nous font du mal et que nous détestons et que nous mettons au ban de notre société. D'ailleurs, je me demande comment Alphée, son père, va réagir, et qui va le remplacer.

Bref, il l'a suivi, il l'a écouté; et puis il a invité Jésus et ses disciples à manger chez lui. Avec tout l'argent qu'il nous a pris, il pouvait faire un vrai festin et c'est ce qu'il a fait. Et du coup, tous ses amis collecteurs d'impôts sont venus et aussi plein plein de gens qui voulaient je crois rencontrer Jésus, tous ces gens dont nous savons qu'ils ne vont pas au Temple, qui ne versent pas la dîme; qui sont des pécheurs.

Du coup, ça en faisait du monde! Et alors les bien-pensants n'ont pas pu s'empêcher de demander aux disciples pourquoi leur maitre mangeait avec des pécheurs. A croire qu'ils avaient oublié qu'il avait touché un lépreux il n'y a pas si longtemps. Eux ne savaient pas que répondre, je voyais qu'ils étaient bien ennuyés de ne pas savoir comment défendre leur maître.

Mais Jésus, manifestement, avait entendu. Il leur a rétorqué que ce n'était pas les bien-portants qui avaient besoin d'un médecin (bon ça, ça a dû leur plaire, parce qu'ils se sentent tellement justes qu'ils ne reconnaissent pas qu'ils sont comme tout le monde, incapables de faire le bien), et qu'il n'était pas venu pour appeler les justes, mais les pécheurs.

Et ça m'a bien plu, à moi. J'ai eu l'impression qu'en s'adressant à eux, il s'adressait à moi, qu'il me disait que tout n'était pas perdu, qu'il m'aimait tel que je suis; et s'il aime Lévi, moi aussi il m'aime, et moi aussi je peux entrer dans cet amour là. Et du coup, moi aussi je l'ai suivi, et je sais que je ne suis pas le seul, car beaucoup de ceux qui étaient à table ont dit qu'ils veulent l'écouter, et changer.

―――

La tempête apaisée. "Confiance, c'est moi, n'ayez pas peur" Mc 6,50

Certains des textes proposés par la liturgie dans la semaine qui suit la fête de l'Epiphanie sont, de fait, des théophanies, qui préparent la théophanie du baptême de Jésus.

Les deux péricopes - la multiplication des pains, et la tempête apaisée - vont bien dans ce sens. Dans la première, Jésus, comme le Tout Puissant, donne la nourriture en abondance (prérogative divine); et dans la seconde il est à la fois le maître des éléments - le vent tombe quand il monte dans la barque - mais aussi quelqu'un qui voit: car il se rend bien compte que ses apôtres sont en danger et il vient à leur secours. Il a beau être sur la montagne, en prière, il est aussi là dans la tourmente.

La phrase de Jésus à ceux qui crient de peur dans la barque - *"C'est moi!"* - j'ai eu la chance de l'entendre ce matin comme si elle était pour moi; c'est elle qui m'a donné cette envie d'écrire.

J'ai voulu laisser parler un apôtre, un des Douze, avec ses réactions, ses interrogations; interrogations qui sont souvent les miennes. Car le cœur endurci, oui, je connais.

Je résume toutefois ce qui se passe avant la théophanie de la tempête calmée, parce que j'aime remettre un texte dans son contexte.

Au chapitre 6 de Marc, on a la première mission des apôtres, qui reviennent "gonflés à bloc" mais fatigués. Et comme Jésus, de son côté, fait des guérisons, il y a tellement de monde qu'on n'a pas *le temps de manger*. Et je me demande si ce n'est pas là un maître mot. Car logiquement, si les disciples et Jésus vont dans un lieu tranquille, une sorte de crique sur le bord du lac, c'est bien pour manger aussi en paix.

Seulement, quand Jésus se déplace, il est un peu comme le loup blanc, et tout le monde court après lui. Alors la tranquillité, c'est terminé; et pour les apôtres, cela tombe quand même très mal. Jésus, lui, donne ce qu'il a: les guérisons, et son enseignement. Et comme la foule est insatiable, il donne, il donne.

Seulement les apôtres, eux voudraient bien que ça s'arrête; ils essaient de prendre Jésus par les sentiments: "Il faudrait que la foule aille chercher à manger, et ce avant qu'il ne fasse nuit". Ce qui est sous-entendu, c'est que comme ça on va être tranquille, débarrassés d'eux. Mais avec Jésus, quand on parle de manger, il ne l'entend pas de cette oreille. Et si lui donne à manger, ceux qui se disent ses disciples doivent faire de même. D'où ce quiproquo, sur l'argent (beaucoup) et la réalité: cinq pains et deux poissons. Et c'est avec cette réalité que Jésus va rassasier la foule.

Un des apôtres, par exemple Barthélémy, raconte

Nous, on était fatigués, on voulait souffler; et voilà que, en arrivant là où nous avions projeté d'aller, il y avait plein plein de monde; et comme d'habitude des éclopés de la vie, des mendiants, des femmes, des enfants sales, et quand même des hommes. Comme d'habitude, nous, on a regardé; et il a guéri et guéri; parlé et parlé. Les heures ont filé, et nous on était là à attendre. On sentait bien que lui, il était rempli de compassion, mais nous, pas vraiment.

On s'est concertés et on lui a dit qu'il devrait les renvoyer, parce que la nuit n'était pas loin et qu'il fallait qu'ils mangent; nous aussi, on fait preuve de compassion. Mais là, il nous a dit de nous en occuper: pardon, mais ça c'est n'importe quoi. Où trouver assez d'argent pour nourrir cette foule? Alors il nous a regardés un peu comme si on était des demeurés. Il nous a demandé ce qu'on avait pour nous; et ce n'était pas grand chose: cinq pains et deux poissons.

Il nous a dit de faire asseoir tout le monde, un peu comme des brebis que l'on met dans des enclos, et on a attendu. Et là, il a fait comme pour les repas du sabbat: il a levé les yeux vers le ciel pour se tourner vers le Très Haut. Sauf que lui, quand il fait cela, il est tellement dans ce qu'il fait, que nous avons l'impression de ne plus exister. Il a béni les pains et les a rompus; et il y avait bien plus de morceaux que ce que nous pouvions compter. Lui, il rompait, rompait, et nous nous donnions. Très vite, des femmes ont tressé des corbeilles et dès qu'une corbeille était vide, on revenait vers lui et on reprenait du pain et des poissons; C'était un peu comme une fontaine. Je veux dire que ça coulait.

Tous le monde a eu de quoi manger, et nous, il fallait distribuer et distribuer. Enfin au passage on a pu grappiller un peu, mais ça n'a pas été du repos.

Il nous a dit ensuite que lui renverrait les foules, et que nous devions aller à Bethsaïde avec la barque. Ça nous a fait râler, on aurait bien voulu se reposer. Et voilà que le lac se met en colère; ça souffle, ça tangue, et avec le vent on ne voit rien. On se disait qu'il avait bien fait de rester à terre, lui...

Et tout d'un coup, on a vu une forme qui marchait sur la mer. On sait que quand la mer est en colère, les esprits de ceux qui habitent au fond reviennent, pour entraîner les vivants avec eux. Et on avait peur, et on sentait des forces maléfiques. Sauf que la forme s'est arrêtée, qu'elle a parlé; et que là, malgré la force du vent, on a entendu distinctement la voix de notre maître.. Mais des fois les esprits font ça.

Il nous disait que c'était lui; il nous disait de ne pas avoir peur. Mais ce n'était pas si facile. Il est monté dans la barque et le vent est tombé d'un coup. Alors, au lieu de nous réjouir, on a eu encore plus peur. On se demandait si on le connaissait vraiment notre Rabbi. On a accosté, mais je crois qu'on était plus dans les ténèbres que dans la lumière. Au fond de nous, on avait assisté à une manifestation de la présence du Très Haut, et nous étions dans la crainte.

On s'est retrouvés à Génésareth, pas là où il nous avait dit d'aller, ce qui montre bien que la tempête nous avait déportés. Et on a retrouvé la foule, encore et encore; et il a guéri, encore et encore. Et encore et encore on n'a pas eu le temps de manger...
Mais c'est bon d'être à côté de lui et de vivre, si je puis dire, sous son ombre.

———

ÉVANGILE DE LUC

Appel des premiers disciples. "Et laissant tout, ils le suivirent" Lc 5,11

C'est le texte proposé par la liturgie aujourd'hui (5 septembre 2019), un texte bien bien connu, celui de la pêche miraculeuse de Pierre - qui dans cet évangile se nomme encore Simon.

Je me suis dit qu'on (enfin les commentateurs) allait nous bassiner avec le "va en eau profonde", qu'on doit pouvoir rapprocher des "périphéries" de notre pape François; et à chaque fois je me dis que dans ce lac-là, l'eau profonde est, de fait, bien proche de la rive. Mais bon c'est une belle phrase, qu'on peut rapprocher de ce que le Seigneur dit à Abram: "Va...".

Je me suis dit aussi que Jésus est très fort pour pêcher des hommes, que ce soit sur la terre (début de l'évangile de Jean, où il en pêche aussi 4, mais pas les mêmes) et donc sur la mer. Ce qui m'est apparu aussi, c'est le changement qui se fait dans Simon; et c'est peut-être pour cela que Luc, au verset 8, n'écrit plus "Simon", mais "Simon-Pierre", comme si ce qui s'est passé là était un changement profond pour celui qui sera un jour le roc.

Exceptionnellement je propose d'abord une lecture presque linéaire du texte, de manière à le visualiser, ceci permettant de mieux comprendre l'histoire racontée; puis je laisse parler Pierre, même si ce texte reprend des textes déjà publiés dans d'autres livres.

-1 En ce temps-là, la foule se pressait autour de Jésus pour écouter la parole de Dieu, tandis qu'il se tenait au bord du lac de Génésareth.
2 Il vit deux barques qui se trouvaient au bord du lac ; les pêcheurs en étaient descendus et lavaient leurs filets.
Jésus monta dans une des barques, qui appartenait à Simon, et lui demanda de s'écarter un peu du rivage. Puis il s'assit et, de la barque, il enseignait les foules.

Décor planté. Et on retrouve Simon, sur qui va se centrer le projecteur. Donc "temps un": Jésus est revenu à Capharnaüm, si on croit le texte lu hier, où il est dit *"qu'il enseigne dans leurs synagogues"*. Là, Jésus choisit d'enseigner en plein air: la foule est sur la terre, lui dans une barque sur la mer.

4 Quand il eut fini de parler, il dit à Simon : « Avance au large, et jetez vos filets pour la pêche. »
5 Simon lui répondit : « Maître, nous avons peiné toute la nuit sans rien prendre ; mais, sur ta parole, je vais jeter les filets. »
6 Et l'ayant fait, ils capturèrent une telle quantité de poissons que leurs filets allaient se déchirer.
7 Ils firent signe à leurs compagnons de l'autre barque de venir les aider. Ceux-ci vinrent, et ils remplirent les deux barques à tel point qu'elles enfonçaient.

Est-ce-que ce geste de Jésus peut être pris comme un remerciement? "Tu m'as prêté ta barque et ton temps, et moi je te remercie en te donnant ce salaire étonnant, un trop-plein de poissons"? Mais pour que cela se réalise, il a fallu que Simon fasse confiance, et fasse même un acte un peu fou: pêcher en plein jour, devant tout le monde. Accepter le regard de l'autre, des autres. Et il le fait peut-être aussi parce qu'il sait que Jésus est capable de beaucoup; mais il ne sait pas ce que ça lui réserve, sauf qu'il faudra à nouveau remonter les filets qui risquent d'être vides, les laver et les plier. Donc refaire le travail précédent.

Mais voilà: les filets reviennent pleins de poissons, tellement pleins qu'il faut l'aide d'une autre barque.

8 À cette vue, Simon-Pierre tomba aux genoux de Jésus, en disant : « Éloigne-toi de moi, Seigneur, car je suis un homme pécheur. »
9 En effet, un grand effroi l'avait saisi, lui et tous ceux qui étaient avec lui, devant la quantité de poissons qu'ils avaient pêché;
10 et de même Jacques et Jean, fils de Zébédée, les associés de Simon. Jésus dit à Simon : « Sois sans crainte, désormais ce sont des hommes que tu prendras. »

Et là, curieusement, changement du nom, comme si un baptême s'était fait... Il devient **Simon-Pierre** dans le texte. Et il est pris par cet effroi que l'on a déjà noté quand Jésus chasse des démons et les fait taire. Effroi devant cet homme, qu'il pouvait croire connaître, et qui commande aux éléments. Effroi qui lui fait voir, dans cet instant, Jésus comme le Tout-Autre. Il vit ce que vécut autrefois le prophète Esaïe en voyant Dieu dans son temple. Il ressent sa petitesse, sa lourdeur, son manque de foi, bref ce qu'on peut appeler son péché. Il a peur, peur d'être comme foudroyé; comme ces démons qui étaient sortis des gens. Est-ce le baptême pour Simon, fils de Jonas, qui devient Pierre?

Qui est cet homme qui est le maître des éléments, et qui ordonne aux poissons de se laisser prendre en plein jour? Qui est-il?

Et c'est alors le dialogue, qui commence avec une de ces phrases clés: "Ne crains pas." Et la promesse: "Non tu ne vas pas mourir, je ferai de toi un pêcheur d'hommes"; phrase que Simon n'a certainement pas comprise. Tu feras sortir des hommes de ce milieu considéré comme le leur par les forces du mal, pour les plonger dans un milieu où ils trouveront la vie.

11 *Alors ils ramenèrent les barques au rivage et, laissant tout, ils le suivirent.*

Après cette expérience fondamentale pour eux, ils ne retournent plus dans leur maison, ils ne laissent plus Jésus aller ailleurs seul: non, ils le suivent. Et pour Jésus, c'est une bonne pêche.

Je crois profondément que pour suivre Jésus, il est indispensable de faire une expérience qui nous déplace complètement de ce que nous connaissons, de nos certitudes. Et c'est là que la relation nouvelle avec lui se joue. Nous sommes des hommes, et il faut que cela passe par notre corps, notre âme (connaissance) et notre esprit (rencontre autre).

Simon-Pierre raconte

Il était venu chez moi, il avait guéri ma belle-mère; et la manière dont il l'avait fait m'avait estomaqué; et pourtant j'en ai vu des choses dans ma vie. Il faut dire que déjà c'était un jour de Sabbat, et normalement il n'aurait pas dû faire ça.

Mais il s'est penché vers elle, elle qui avait du mal à respirer, et il a menacé la fièvre comme si c'était un mauvais esprit, lui a ordonné de sortir d'elle, et elle a été guérie; elle s'est levée et elle s'est mise à préparer la maison pour le repas du sabbat. Il faut dire que depuis que moi j'ai parlé de ce Jésus, elle tremble. Elle a peur que je le suive, elle a peur que je laisse tout en plan; et elle se fait du mauvais sang et ça la travaille. Alors peut-être que c'est de cet esprit d'inquiétude, ce mauvais esprit, que Jésus l'a libérée.

Ensuite il avait guéri des malades, chassé des esprits mauvais une partie de la nuit, et disparu au petit matin. Et il avait déclaré qu'il n'allait pas rester chez nous: qu'il devait apporter la Parole partout. Nous, on aurait bien voulu le garder pour nous, un guérisseur pareil. Mais non, il est parti.

Et puis ce matin il était là, sur le bord du lac. Il nous a vus, nous rangions les filets. Je dis nous parce qu'il y avait avec moi André et nos amis, les fils de Zébédée; et ça avait été une nuit pourrie: pas un seul poisson, ou des si petits qu'on avait dû les remettre dans le lac. Il m'a demandé de le prendre dans sa barque; et de là il s'est mis à enseigner. Je pense que ça devait le changer de parler en plein-air comme ça, avec le petit vent du lac, avec le soleil, et avec la foule sur le rivage.

Il a parlé un bon bout de temps; moi j'écoutais, mais pas trop finalement. Il s'est alors tourné vers moi et m'a dit de jeter les filets. Je l'ai regardé comme s'il était fou. On ne pêche pas en plein jour, qu'est ce qu'ils allaient penser de moi les autres sur le bord? Et puis je me suis souvenu qu'il avait été plus fort que la fièvre de ma belle-mère, et qu'il avait chassé des démons en quantité. Alors je l'ai fait, j'ai jeté les filets, après avoir été, comme il me l'avait ordonné, en eau profonde; mais on est vite en eau profonde sur ce lac.

Et là, les filets se sont remplis, remplis remplis, comme s'il ordonnait aux poissons de venir se faire prendre. Et j'ai ressenti la peur de ma vie. Qui était-il celui là, que je croyais connaître parce qu'il avait logé chez moi? J'ai compris ce que le prophète Esaïe avait pu ressentir quand il s'était retrouvé à la cour du Très-Haut. Je me suis senti minable, je me suis senti sale, je me suis senti tout petit, je me suis senti comme écrasé par mon passé, par mes doutes, par mon péché. Et j'ai eu peur, très peur de lui. Qui était-il?

Il m'a regardé, et m'a dit de ne pas avoir peur. Et sa voix m'a rassuré, son regard m'a rassuré. Il m'a dit qu'il ferait de moi un pêcheur d'hommes. Je ne sais pas trop ce que ça veut dire, mais ce qui est sûr, c'est que moi il m'a bien ferré, il m'a bien pêché; et pour lui, j'irai au bout du monde. J'avais sûrement besoin de ce miracle pour que ma transformation se fasse, et ça il le savait, et il a pris son temps finalement. C'est aujourd'hui que moi et les trois autres, nous pouvons le suivre. Peut-être que nous deviendrons des pêcheurs d'hommes, mais lui, aujourd'hui, il nous a sortis de notre lac, il nous a sortis de notre vie, il a fait de nous des hommes nouveaux, il nous a donné vie. Et je crois qu'être pêcheur d'homme, c'est cela: donner la vie.

La guérison de l'esclave du centurion. "Le centurion tenait beaucoup à lui" Lc 7,2

Ce texte de la guérison de l'esclave d'un centurion (Lc 7, 1-10) est bien connu, puisqu'à chaque messe on répète du moins partiellement la phrase prononcée par le centurion de Capharnaüm: "*Seigneur je ne suis pas digne que tu viennes dans ma maison, mais dis seulement une parole, et ...*"

Je mets des points de suspension, car la demande du centurion concerne son esclave, alors que la nôtre nous concerne chacun, avec nos propres demandes. Ce qui m'a toujours frappée, c'est qu'on ne sait pas quelle parole Jésus a prononcé: l'évangile dit simplement qu'il loue la foi de cet étranger au peuple.

Je me suis d'ailleurs demandé si, dans l'optique lucanienne, cette péricope n'était pas à rapprocher de celle que l'on trouve dans les Actes des Apôtres pour la conversion du centurion Corneille, comme si Luc voulait montrer que non seulement la bonne nouvelle sera accueillie dans les nations et qu'elle est bien pour tous, mais que la foi de ceux que les juifs considèrent comme des impies est peut-être supérieure à la foi du peuple choisi.

Cet épisode, j'ai eu envie de le présenter sous deux angles différents: celui du centurion, et celui d'une personne qui entend ce qui se passe et le raconte ensuite à des amis.

Le centurion romain raconte

Mon esclave fidèle, mon esclave qui a été comme un père pour moi, qui s'est occupé de moi et de mes fils, est là, tremblant de fièvre et je sais qu'il va mourir. Les médecins sont venus, mais ils disent qu'il n'y a rien à faire. Il y a bien ce Jésus, qui fait des miracles; seulement, même si j'admire sa religion, je ne pense pas qu' il viendra chez moi qui ne suis pas juif. Mais s'il sait que j'ai donné mes deniers pour bâtir la synagogue dans laquelle il a parlé, dans laquelle il a pu guérir la main d'un homme; peut-être qu'il acceptera de rentrer dans ma maison pour guérir mon vieil esclave.

Je me suis dit que je pourrais envoyer deux ou trois de mes amis, des notables juifs - que je peux quand même appeler amis, même si je suis l'occupant - pour lui demander de venir chez moi, pour guérir mon esclave. Et ils sont partis à sa rencontre.

Un peu de temps a passé, et je me suis dit que non, ça ne devait pas se passer comme ça. Il ne devait pas rentrer chez moi. Si mon empereur s'invitait chez moi, chez moi pauvre centurion de son armée, je me sentirais indigne d'un tel honneur. Mais là c'est moi, l'occupant, qui lui demande à lui, d'entrer chez moi, lui qui est tellement plus que César. Cet homme, il est différent de Jean le Baptiste que je suis allé écouter et qui m'a fait comprendre combien j'étais injuste envers cette population. Il y a en lui une puissance bien plus grande que celle qui est dans mon empereur. Il commande à la fièvre, il commande à la tempête, il commande à la lèpre. Sa parole est forte.

Alors non, je ne vais pas lui demander de venir chez moi, je vais simplement lui demander qu'il prononce ces mots qui guérissent, qui sauvent. Et ces mots, parce qu'il est un homme pas comme les autres, un homme vraiment de Dieu, auront en eux la force de guérison. Ses mots ne reviennent pas sans avoir accompli ce qu'ils doivent faire. Cette phrase, elle n'est pas de moi, mais de l'un de leurs prophètes, et elle parle de leur Dieu.. Je crois vraiment que cet homme, dont le nom veut dire "Dieu sauve", il est vraiment le messie.

Alors j'ai envoyé d'autres amis, pour lui dire de ne pas venir, que je n'étais pas digne de lui, que je reconnaissais sa puissance, et pour lui demander qu'il prononce simplement ces mots qui guérissent le corps et l'âme. Et j'ai attendu leur retour.

Seulement voilà, d'un coup mon esclave s'est redressé sur son lit, comme si quelqu'un l'avait pris par la main. Il a demandé à boire, et la fièvre était tombée. Mes amis sont arrivés à ce moment là et m'ont dit que Jésus avait dit qu'il n'avait jamais rencontré en Israël quelqu'un avait une foi en lui semblable à la mienne. Et j'ai eu l'impression que cela voulait dire que le salut dont il parle n'est pas seulement pour les juifs, mais pour toutes les nations, pour tous les hommes. Et cela m'a profondément réjoui. Peut-être qu'il voudra quand même entrer dans ma maison...

Quelqu'un, dans la foule, raconte

Il est vraiment très fort ce Jésus de Nazareth. Il guérit, il chasse des démons, mais là il a guéri un homme sans même venir le voir, sans même le toucher et même sans paroles. Je veux dire que souvent il menace la fièvre, il menace les éléments qui lui obéissent, mais là, rien. Juste une phrase: jamais je n'ai trouvé pareille foi en Israël.. Il parlait de ce centurion qui vit chez nous à Capharnaüm depuis des années.

A force de nous côtoyer, je crois que ce centurion romain s'est rendu compte que son empereur, même si sa parole fait force de loi dans tout l'empire, même si sa puissance est grande, ne pouvait pas être considéré comme un Dieu. Et il a découvert notre Dieu, notre Dieu qui nous a fait sortir d'Egypte, notre Dieu qui nous a ramené de l'Exil, notre Dieu qui aujourd'hui visite son peuple dans la personne de ce Jésus, de ce Dieu qui est avec nous, de ce Dieu qui est notre force.

Ce centurion, qui est un homme de valeur, a un esclave âgé, auquel il tient beaucoup. On dit que cet esclave l'a élevé, et l'a suivi depuis toujours; mais il était tombé malade, et était à l'article de la mort. Alors il a pensé à demandé au nouveau prophète de venir chez lui pour qu'il le guérisse.

Il lui a envoyé en ambassade des notables, et Jésus s'est mis en route. Il n'était pas loin quand d'autres sont venus vers lui. Ils lui ont dit que leur ami ne voulait pas mettre Jésus dans l'embarras en lui demandant d'entrer dans une maison païenne. Et surtout ils lui ont dit que leur ami, qui a des hommes qui obéissent à ses ordres, donc à sa voix, était certain que si Jésus ordonnait à la fièvre de tomber, elle tomberait, parce que que lui était bien plus puissant qu'un simple centurion.

Et là Jésus a été, comment dire cela, surpris, mais c'est bien plus que cela. Il s'est arrêté alors que nous étions tout près de la maison du centurion; et contrairement à ce que je pensais, il n'a pas prononcé de phrase pour chasser le démon qui rendait cet homme malade, il n'a pas prié. Non rien de tout cela. Il a juste dit que c'était la première fois que quelqu'un qui n'appartient pas au peuple choisi, avait une telle foi en lui.

Des amis m'ont certifié que l'esclave s'est levé, qu'il avait retrouvé la santé, et cela sans que Jésus le touche. Qu'est ce que Jésus a voulu dire quand il a parlé de la foi de ce Romain? Est-ce que les Romains, ces païens qui croient en des multitudes de dieux et qui imaginent même que leur Empereur est un dieu, ces impies, croiront en notre Dieu, grâce à cet homme?

Je me pose beaucoup de questions, mais je suis sûr que s'il continue à faire de telles choses, ça finira mal pour lui.

———

Le repas chez Simon. "Il dit alors à la femme: tes péchés sont pardonnés" Lc 7,46

Cet épisode d'une femme qui vient, au cours d'un repas, prendre soin des pieds de Jésus et les oindre de parfum, se retrouve dans les autres évangiles, mais pas au même moment.

La femme dont il est question ici n'a pas de nom, et c'est peut-être une bonne chose.

J'ai voulu montrer la réaction d'un des convives qui a assisté à cette scène, très choquante pour lui: qui est cet homme qui a le pouvoir de pardonner les péchés?

Un convive raconte

Notre ami Simon, lui qui se targue de respecter la Loi comme personne et d'être un juste, a comme souvent offert un repas. Il avait invité Jésus, et c'était l'occasion pour nous de voir de plus près cet homme dont on parle tant, cet homme qui parle de lui en se nommant le Fils de l'homme.

Il était donc là quand est arrivée une de ces femmes aux longs cheveux qui volent sur leurs épaules quand elles sortent, une de ces femmes qui sont de mauvaises femmes, qui passent parfois d'un homme à l'autre. Avant qu'on ait pu faire quoi que ce soit, elle était là, aux pieds de Jésus, à genoux. Et elle pleurait, et ses larmes mouillaient les pieds de Jésus, qui se laissait faire. On aurait dit un peu une maman entrain de laver les pieds de son enfant quand il rentre à la maison. Quand les pieds lui ont paru enfin propres, enfin c'est l'impression que j'ai eue, elle a cassé le col d'un flacon de parfum, peut-être que ce flacon lui avait été donné par un admirateur, parce que oui, cette femme est belle, très belle, et elle a oint les pieds de Jésus qui n'a rien dit, rien fait, mais qui souriait tout en mangeant, un peu comme s'il était au septième ciel.

Je dois dire que j'étais un peu étonné, parce que nous savions tous que cette femme n'était pas recommandable.

Et voilà que Jésus s'adresse à Simon et lui demande de l'écouter. Et il se lance dans une petite histoire de débiteurs qui ne peuvent pas rembourser leur dette et d'un créancier qui remet la dette aux deux, sauf que l'un doit 500 pièces d'argent et l'autre seulement 50. Et il pose une drôle de question, à savoir lequel des deux aimera le plus le créancier; moi, j'aurais parlé de reconnaissance, pas d'amour. Toujours est-il que Simon a répondu ce qui paraît logique: que c'était celui qui devait le plus, qui allait aimer le plus. Peut-être que reconnaissance et amour ça va ensemble pour certains.

Jésus lui a dit qu'il avait bien répondu; mais moi je me demandais un peu où il voulait en venir.

Et puis là, il lui a fait remarquer que lui, Simon, n'avait pas été très hospitalier envers lui, car il n'avait pas proposé d'eau pour qu'il se lave les pieds, mais que la femme, elle, avait versé ses larmes pour lui laver les pieds. Puis il a continué en disant qu'il n'avait pas reçu de marques d'affection, qu'il était un peu comme une bête curieuse dans ce repas, alors que la femme, elle, avait embrassé ses pieds, comme on embrasse les pieds de son bébé (ça c'est moi qui le dis); parce que pour embrasser les pieds de quelqu'un il faut soit beaucoup l'aimer, soit lui baiser les pieds en signe de respect; mais là, c'était bien de l'amour. Et pour terminer, il a parlé du parfum, comme d'une onction, et il a reproché à Simon de ne pas lui avoir donné une onction d'huile quand il était entré chez lui, alors que la femme, elle lui avait oint les pieds, en signe de respect, en signe d'amour. Un peu aussi comme s'il disait à Simon qu'il n'avait reconnu en lui, l'envoyé, celui dont parle le prophète Isaïe.

Nous étions tous un peu mal à l'aise, parce que nous n'avions pas vu cela du tout dans ces gestes. Et Jésus alors a dit que les péchés de cette femme étaient pardonnés, parce qu'elle avait montré beaucoup d'amour.

Et là, nous avons réagi en nous même. Car pour qui se prend-il celui-là, pour remettre les péchés. Enfin il n'a pas dit "Je te remets ta dette", mais "Toute ta dette est remise", comme il avait déjà dit à un homme paralysé à Capharnaüm. Il ne lui a pas simplement dit de rentrer chez elle, comme il l'avait dit à l'homme, mais il lui a dit d'être en paix, et de rentrer chez elle. Et je pensais qu'au lieu de verser ce parfum sur les pieds, en quelque sorte de le gaspiller, elle aurait mieux de vendre ce parfum et de donner l'argent à des pauvres, là elle aurait respecté un peu la loi. Mais non, il a juste dit "Sois en paix, ta foi t'a sauvée".

Alors là, je crois que j'ai compris quelque chose. Cette femme que moi je méprise, cette femme que je regarde de travers, cette femme de la ville, quelque chose s'est passé en elle.

Car, après les mots de Jésus, elle s'est mise debout, elle nous a tous regardés, elle l'a regardé lui; et elle est sortie, comme si elle était une reine. Elle était remplie de dignité, elle était transformée. Alors si Jésus est capable de faire cela, avec une telle femme, peut-être sera-t-il capable de changer nos cœurs si attachés à nos coutumes, à nos certitudes. Peut-être que je vais me joindre à ceux qui vivent au jour le jour avec lui. Je suis finalement très reconnaissant à Simon de m'avoir laissé partager le repas de ce jour, jour qui est comme une naissance aussi pour moi.

———

Multiplication des pains. "Ils mangèrent et furent tous rassasiés" Lc 9,17

C'est l'évangile retenu pour la fête du Corps et du Sang du Christ.

Peut-être que ce verset "ils mangèrent et furent tous rassasiés", parce qu'il renvoie au psaume 22,26: "Les pauvres mangeront et seront rassasiés; ils loueront le Seigneur ceux qui le cherchent", est un peu la synthèse de ce miracle.

Encore un texte que nous connaissons bien, qui pose ou ne pose pas de questions... Pour certains, le miracle, ce serait le partage (repas sorti du sac, comme on dit aujourd'hui) entre les personnes qui étaient là ce jour-là, ou plutôt ce soir là. Pour d'autres, il y a bien eu quelque chose qui s'est passé et qui montre le pouvoir de cet homme sur la matière. Il ne part pas de rien, il utilise ce qui est là. Sauf que la question demeure: comment a-t-il fait?

Car, finalement, comment se représenter les choses? Il y a bien le contexte de prière, d'offrande, de bénédiction, de partage. Jésus prend un pain, il le rompt, et deux morceaux deviennent quoi? Quatre, huit, trente deux? Je suis incapable de me représenter quoi que ce soit. Ce qu'on nous dit, c'est que tout le monde a de quoi manger, et que tout le monde est rassasié. Bien sûr, on fait le parallèle avec la Cène, mais ce n'est pas si simple.

Et pourtant cette multiplication, racontée différemment, se retrouve partout, et même deux fois chez Matthieu et Marc. Alors il a bien dû se passer quelque chose. Ce qui est certain, c'est que le prophète Élisée (2R 4,42-44) l'avait fait à petite échelle: les vingt pains donnés, qui sont dans un sac, vont se multiplier pour pouvoir nourrir cent personnes.

Quand Elisée fait cela, il y a une famine dans le pays et pourtant quelqu'un lui apporte les vingt premiers pains, faits avec ce qui a bien voulu pousser. Élisée fait alors tout distribuer aux personnes qui sont avec lui, au grand dam de son serviteur. Il ne les garde pas pour lui et ses proches, mais multiplie le don, pour que tous puissent en avoir. Le fait que cela se passe au moment de la récolte de l'orge, évoque la fête de la Pâque. Alors certes, on peut faire le rapprochement avec ce qui se passera lors de la Cène (les gestes sont les mêmes), mais aussi voir dans ce miracle comme un monde nouveau qui arrive: les pauvres seront rassasiés.

Comme Pierre a vécu la pêche miraculeuse, qui est un peu comme une multiplication des poissons, j'ai voulu le laisser parler.

Pierre raconte

Il nous avait donné pleins pouvoirs sur les esprits mauvais et pleins pouvoirs pour guérir. Je dois dire qu'on n'était pas peu fiers qu'il nous fasse ainsi confiance. Cela devait montrer que le règne de Dieu était bien là, aujourd'hui, sur notre terre de Galilée. Et cela, nous pouvions l'annoncer avec force et puissance. Seulement, pour ne rien simplifier, il nous a envoyés avec rien dans les mains, rien dans les poches: pour compter sur la générosité de ceux qui nous accueilleraient chez eux.

Nous avons fait ce qu'il nous avait demandé. A notre retour, il a compris qu'on avait besoin de temps pour digérer ce que nous venions de vivre, parce que c'est usant de faire le bien. Je me demande comment il fait lui. Je veux dire que nous étions heureux, mais épuisés.

Seulement, notre Maître, il est connu maintenant comme le loup blanc, et le bouche à oreille fonctionne très bien. Et du coup, on s'est retrouvés avec une véritable foule, qui venait pour l'écouter mais surtout pour se faire guérir; et lui, il ne se lasse pas d'enseigner, d'annoncer le royaume et le règne de Dieu et de guérir.

Seulement nous, nous étions fatigués par tous ces gens qui arrivaient et arrivaient sans arrêt. Nous n'avions qu'une envie: avoir notre Rabbi pour nous tous seuls.

Alors, quand on a vu que la nuit tombait, on lui a demandé de renvoyer la foule, parce que là où nous étions, il n'y avait pas d'habitations. Seulement, il l'a mal pris et il nous a dit de trouver nous-mêmes à manger pour cette foule; et cette foule, elle débordait de partout, il y avait plus de cinq mille hommes, sans parler des femmes et des enfants. Et nous, pour une fois on avait des provisions, mais juste pour nous, et encore pas grand chose: cinq pains et deux poissons. Qu'est ce qu'on peut faire avec ça? Nous rien, cela c'est sûr..

Comme souvent, il nous a pris de court. Il nous a demandé de dire à tous ces gens de s'asseoir, et de lui apporter ce que nous avions. On lui a apporté les pains et les poissons. Je sais bien qu'autrefois le prophète Élisée a multiplié vingt pains pour nourrir cent personnes, et que personne n'a compris comment il avait fait, et là... cinq pains pour je ne sais combien de personnes. Mais il est plus qu'Élisée, et il l'a bien montré.

Nous avons posé les cinq pains devant lui. Il a regardé vers le ciel, comme s'il s'adressait à celui qui siège dans les cieux, il a prononcé la bénédiction que nous disons lors des repas qui nous réunissent tous, le soir du sabbat; il a fait comme le fait tout père de famille, il a rompu le premier pain, et là, cela a fait un peu comme pour les poissons qui sont venus se prendre dans les mailles de mon filet: il y avait le pain rompu, et les quatre pains entiers et les deux poissons. Et il y a eu plein de pains et plein de poissons et nous pouvions les distribuer.

Ceux qui étaient assis ne pouvaient pas savoir ce qui se passait; nous étions les seuls à le savoir. Ce n'est pas lui qui a donné à ces hommes et à ces femmes qui étaient là: non, c'est nous qui avons apporté petit à petit, nous qui ne voulions plus voir personne, nous qui voulions rester entre nous. Et nous étions comme les bienfaiteurs; alors que le donateur c'était lui, même si c'était avec nos provisions.

Et du coup, certains qui avaient pris avec eux de quoi remercier Jésus s'il guérissait un des leurs, ont donné aux autres ce qu'ils voulaient nous donner à nous. Et cela a permis finalement un vrai repas pour tous.

Et curieusement, ce pain multiplié par Jésus, il était un peu comme la manne, dont on dit qu'elle avait un goût différent pour chaque personne. Car c'était bien du pain, mais il n'avait pas le goût du pain. Enfin moi, j'avais l'impression de manger bien autre chose qu'un simple morceau de pain.

A la fin, il y avait des restes, beaucoup de restes: douze corbeilles. Et puis, quelque chose s'est ouvert en moi. D'accord, c'est un peu tordu, mais ce qui se passait là, c'était comme si un monde nouveau naissait, un monde où le pain était là pour tous, où le poisson n'avait plus besoin d'être pêché. Et je me suis dit que cinq, cela renvoyait aux cinq premiers jours de la création, et que deux, c'étaient les jours de la création de l'humain et du sabbat: et que ce que nous vivions, c'était comme le huitième jour.. Mais ça, je ne l'ai dit à personne; pour moi, Jésus était bien le Seigneur, le maitre de la matière.

Quand, quelques jours plus tard, il nous a demandés qui il était pour nous, la réponse a jailli de mes lèvres. J'ai presque crié qu'il était le Messie, le nouveau David, notre Sauveur, l'Envoyé, le Seigneur. Il est celui qui donne sans compter, sans mesurer. Et moi, avoir un tel "patron", ça me remplit de joie, sauf que j'ai l'impression que ce qu'il fait et dit, ça ne peut pas plaire à tout le monde et que ça risque de mal se terminer.

―――

Les fils de Zébédée veulent détruire un village samaritain. "Seigneur veux-tu que nous ordonnions qu'un feu descende du ciel et les détruise?" Lc 9,54

L'évangile du 13° dimanche du temps ordinaire m'a un peu surprise. On n'est qu'au chapitre 9 de l'évangile de Luc, et c'est déjà la route vers Jérusalem. Mais ce n'est vraiment que quand Jésus sera à Jéricho (chapitre 18) qu'il sera proche de l'entrée de la ville.

Toujours est-il que, du coup, j'ai relu ce chapitre 9, qui est très "rempli", puisqu'on y trouve l'envoi des apôtres en mission, la multiplication des pains, la profession de foi de Pierre, la transfiguration, la guérison de l'enfant épileptique, des annonces de la passion, et les deux péricopes de ce jour. La première raconte le refus d'un village samaritain d'accueillir Jésus, avec la réaction de Jean et de Jacques; la seconde, est sur l'appel: soit que l'on décide de suivre Jésus, soit que lui-même appelle; avec le côté radical: ne pas faire comme les invités à la noce qui ont de bons prétextes pour ne pas accepter l'invitation.

C'est la réaction de Jean, celui qu'on appelle, avec son frère, fils du tonnerre, qui m'a intéressée. Car il est désireux de rayer ce village de la carte. La violence est là, il veut faire un exemple, mais Jésus ne se laisse pas faire. Je le laisse donc raconter…

Jean, fils de Zébédée raconte

Je dois dire que Jacques, et moi Jean son frère, nous qui sommes des premiers appelés par le Maître, nous étions très heureux. Il nous avait donné un peu de ses pouvoirs, et nous pouvions chasser les démons et guérir les malades. Cela devait convaincre les gens des villages où Jésus allait passer qu'il était vraiment celui que nous attendions, et que Dieu visitait son peuple. Nous nous sentions un peu comme des dieux, nous sentions en nous une force.

Puis Il nous avait pris sur la montagne avec lui, et nous l'avions vu devenir lumineux, et nous l'avions vu avec Moïse et Elie.

Je ne peux pas vous raconter, vous expliquer ce que j'ai pu ressentir; mais j'avais la certitude que la nuée qui était sur lui était aussi sur nous; et même si je ressentais de la crainte, il y avait cette toute puissance du Très Haut. Et il y a eu aussi cette voix qui nous disait de l'écouter; cette voix qui résonnait en nous, je sais bien qu'elle venait d'ailleurs, que ses sonorités étaient autres et qu'elle me faisait vibrer. Quant à la crainte, qui était là, je crois que c'est normal, parce que quand le Très Haut se révèle, Béni soit-il, quelque chose en nous est pris par tout ce qui est si sombre en nous, si loin de lui. On se sent tellement infime, tellement minuscule mais aussi tellement incapable.

L'ennui, c'est qu'ensuite, il avait aussi reparlé de ce qui l'attendait. Et ça ne nous plaisait pas trop, parce que ce serait la fin de quelque chose, et que cela nous faisait vraiment peur. Mais on n'y pensait pas trop et on se sentait capable de faire de grandes choses.

Et puis, il a pris la longue route qui mène à Jérusalem. Il était déterminé, il savait que c'était sa vie. Il a quitté la Galilée, notre terre, là où nous avons nos racines. Et il s'est même mis à marcher assez vite. Comme d'habitude, il a envoyé des disciples dans un village proche, un village samaritain, pour préparer sa venue. Mais ceux-ci sont revenus et ont dit qu'ils ne voulaient pas nous recevoir parce que nous étions des juifs et que nous allions vers Jérusalem. Ah, ces samaritains, qu'est ce que je ne les aime pas.

Alors mon sang n'a fait qu'un tour, et nous avons demandé à Jésus qui marchait devant nous, s'il nous permettait de faire tomber sur eux le feu du ciel pour les détruire, eux qui ne respectaient pas les lois de l'hospitalité. J'avais vraiment envie que ce village subisse le sort de Sodome, qui avait refusé hospitalité aux anges envoyés par le Seigneur.

Comment peut-on refuser de recevoir celui qui vient au nom du Seigneur! Mais au fond de moi, je ne suis pas trop sûr que notre Dieu et le leur soit le même. Ils ne nous aiment pas, et nous non plus.

Pourtant, je n'étais pas très sûr que Jésus soit d'accord avec cette idée, parce que jamais il n'a fait quoique ce soit de cet ordre là. Mais si par hasard, il était d'accord, moi, cela me remplirait de joie. Je peux même dire que cela me gonflerait d'orgueil, parce qu'après un tel exploit tout le monde parlerait de nous.

Seulement il a très mal reçu notre demande. Il s'est retourné vers nous, avec sa tête des mauvais jours, et il nous réprimandés comme des gamins! Et nous avons compris que nous aurions dû ne pas laisser la colère monter en nous. Et du coup un autre village a été trouvé, où il a pu parler du Royaume.

Mais j'espère bien que, quand il sera dans ce royaume dont il parle tant, il nous donnera les meilleures places, qu'on sera les chefs avec lui, et qu'on pourra faire tomber du feu là où on en aura envie, et faire comprendre qui est Jésus...

Quand Jean, le fils de Zacharie, celui qui baptisait dans le Jourdain, parlait du Messie qui allait venir, il en parlait comme de celui qui tenait dans sa main une pelle à vanner, et qu'il brûlerait la paille au feu qui ne s'éteint pas. Il avait aussi dit qu'il baptiserait dans l'Esprit Saint et dans le feu...

Et lui, il a dit qu'il était venu apporter un feu sur cette terre, et qu'il avait hâte que ce feu soit allumé. Seulement il y a feu et feu, et vu son regard, c'est de l'autre feu qu'il parle! Ce n'est pas le feu qui détruit ou qui dévaste, non c'est un autre feu.

C'est un feu qui purifie, c'est un feu qui est comme le souffle de l'amour, qui rend le cœur brûlant. Et ce feu là, c'est celui qui est en moi depuis qu'il m'a appelé, depuis qu'il m'a pris avec lui pour le voir redonner vie à fille de Jaïre; c'est le feu de la nuée qui était là, sur lui et sur nous; c'est le feu de son amour à lui. Alors pourquoi est ce que j'ai laissé le feu de la colère m'envahir?

Ce village qui n'a pas voulu de nous, tant pis. La paix que nous aurions pu lui apporter n'ira pas sur lui, mais sur cet autre village qui nous accueille. Et moi, qui me suis senti d'abord tout honteux devant le regard du Maître, je me sens maintenant plein d'amour pour lui, lui qui va, par amour pour son Père, vers son destin...

———

La parabole du bon samaritain. "Mais lui, voulant se justifier, dit à Jésus: Et qui est mon prochain?" Lc 10,29.

Quinzième dimanche du temps ordinaire - Luc 10,25-37: Évangile dit "du bon samaritain".

Cet évangile a été lu en deux fois par le célébrant. Il a insisté sur le fait que le péché, c'était tout ce qui faisait que nous laissions passer du temps quand Dieu nous demande quelque chose; du moins c'est ce que j'ai cru retenir. Puis il a lu la parabole, pratiquement sans commentaires. Or ce texte pose deux questions, celle de la vie éternelle (et c'est l'évangile de Jean qui y répond: qu'ils te connaissent Toi et ton envoyé Jésus-Christ), mais surtout la question du faire.

Ce sera la question du (jeune) homme riche en Mt 19,16, en Mc 10,17 et en Lc 18,18) et celle de la péricope de ce jour.

Ce que Jésus fait comprendre, c'est que la vie dite éternelle est déjà là si on laisse à Dieu la première place; et si l'autre - pas seulement celui qui est proche, mais le prochain - a lui aussi la place qui lui est réservée.

Je pense que c'est ce que Jésus veut faire découvrir à ce docteur de la loi qui à mon avis cherche à en découdre avec lui.

Le Docteur de la Loi raconte sa rencontre avec Jésus

Cela fait un bout de temps que j'entends parler de ce Jésus. Il est de Nazareth, donc ça ne peut pas être lui le messie annoncé, quoiqu'il raconte. Mais pourtant il fait des miracles, il enseigne, et les gens l'écoutent bien plus que nous. Il y a même certains de nos disciples qui le suivent. Alors j'ai décidé de quitter Jérusalem et d'écouter ce qu'il raconte, et je suis bien décidé à faire comprendre à tous que seule la Tora est importante; et que celui-là, il n'est rien. Il dit que le royaume est tout proche.

Et il en dit des choses aux foules, qui semblent boire ses paroles. Le plus étonnant, c'est qu'il passe son temps à dire que les anciens ont dit certaines choses, mais que maintenant c'est lui qui parle, comme s'il se prenait pour Adonaï. Lui un homme, oser parler à la place du Tout Puissant.

Alors je vais me mêler à la foule, et je trouverai le bon moment pour le coincer et j'espère bien qu'il sera lapidé.
Et là je n'en n'ai pas cru mes oreilles.

Comme les hommes qu'il avait envoyés au devant de lui pour dire qu'il allait passer dans certaines villes revenaient vers lui, il s'est mis à dire, en levant les yeux vers le ciel, comme s'il s'adressait au Dieu invisible, en l'appelant Père, mais avec une manière de le dire qui faisait penser à "mon père à moi, mon père très cher, mon père chéri" qu'il le bénissait parce qu'il avait caché aux sages et aux savants les mystères du royaume pour les révéler aux tous petits.

Alors là en moi, mon sang n'a fait qu'un tour, moi qui étudie chaque jour la parole, moi qui mets ma joie dans l'étude, moi qui me répète sa loi tous les jours. Et il a ajouté que nul ne connaissait le Père si ce n'est le Fils, et celui à qui le Fils veut bien le révéler. Mais qui il se croit celui là. On m'a dit qu'il se donnait le pouvoir de remettre les péchés, qu'il se permettait de toucher des lépreux, de partager ses repas avec des pécheurs publics, de se laisser toucher par des femmes de mauvaise vie. Et il croit que c'est cela être le fils du très Haut? Je ne sais pas si ses disciples sont heureux de voir ce qu'ils voient, et d'entendre ce genre de paroles, mais moi qui sais, cet homme me dérange au plus profond de moi-même.

Alors comme il y a eu un peu de silence, je lui ai demandé ce que je devais faire pour avoir en héritage la vie éternelle. C'est une question piège que je lui ai posée là. Le très haut nous a donné cette terre en héritage si nous suivons sa Loi, mais la vie éternelle, cette vie qui demeure après la mort, qui peut y prétendre? Elle nous a été enlevée, cette vie, à cause d'Adam; et qui nous la rendra?

Et là, il m'a interrogé, comme le fait tout Maître. Il m'a demandé ce que la Loi disait. Alors je lui ai donné une réponse digne de mes propres maîtres, car j'ai choisi à la fois un verset du Deutéronome et un verset du livre du Lévitique. J'avais beaucoup réfléchi à cela. Pour moi, si j'aime mon créateur de tout mon cœur, de toute mon âme, et toute ma force et de toute mon intelligence et si j'aime mon prochain comme moi-même, peut-être que je pourrai dans l'au-delà ne pas être condamné à vivre dans le shéol, mais contempler la Gloire du très haut, et me joindre aux anges qui le célèbrent jour et nuit.

Il s'est contenté de me dire que j'avais bien répondu, comme si je ne le savais pas: et de me conformer à ce que j'avais dit. Moi qui voulais une bagarre avec lui pour le mettre en défaut sur ce que lui appelle la vie éternelle, j'en étais pour mes frais. Alors je lui ai demandé qui était mon prochain. Je voulais qu'il me donne une définition. Et là-dessus il a raconté une petite histoire, ce qu'on appelle une parabole.

Il a parlé d'un homme qui descendait de Jérusalem à Jéricho. Et je pensais que cet homme ça pouvait être moi, parce que j'ai quitté Jérusalem pour me mettre en quête de ce Jésus. Et je suis descendu.. Mais l'homme dont il parlait est alors attaqué par des malfrats, roué de coups, dévalisé et laissé pour mort au bord de la route. Pauvre homme. Il aurait mieux valu qu'il soit tué, parce que passer la nuit dans le désert, c'est dangereux aussi, à cause des animaux. Je le voyais bien cet homme, en train de souffrir et peut-être de s'en vouloir. On sait bien que la route est dangereuse, alors pourquoi tenter le sort?

Là-dessus passe un prêtre. Le prêtre n'a pas le droit toucher un homme qui saigne. D'après Jésus, il s'est dépêché de passer son chemin, en tournant la tête, comme s'il ne le voyait pas. Au fond de moi, je trouve que ce n'est pas bien. Peut-être que moi, je me serais arrêté, parce que je connais une phrase du prophète Michée qui dit que ce que Dieu attend de moi, c'est que je pratique la miséricorde. Mais bon, cet homme, on ne sait pas d'où il vient, alors peut-être que le prêtre a bien fait. Et puis, c'est vrai que les mendiants, bien souvent, on fait comme si on ne les voyait pas.

Puis c'est un lévite qui passe. Peut-être que lui, il monte vers le Temple, pour participer au culte, alors c'est certain qu'il ne fera rien. Et c'est bien ce que dit Jésus. Mais il aurait pu s'arrêter, dire un mot, dire qu'il allait prévenir, lui demander son nom. Mais non, rien.

Et il invente maintenant qu'un samaritain arrive. Moi, je n'aime pas les samaritains et eux ne nous aiment pas non plus. Un samaritain, c'est un hérétique, un sans Dieu, un adorateur de faux dieux, qui n'a rien à faire de notre Loi. Et lui,, le samaritain il le voit ce blessé, et il s'arrête. Il descend de sa monture, il se rend compte que l'homme est vivant. Alors il le soigne, le met sur son âne ou sur sa mule, je ne sais pas, continue sa route à pieds, et arrive dans une auberge. Il prend une chambre pour lui, le veille toute la nuit. Bon cela Jésus ne l'a pas dit. Et le lendemain, il donne de l'argent à l'aubergiste pour les soins et la chambre, et dit qu'il donnera ce qui manque quand il repassera. J'étais assez étonné qu'un samaritain puisse faire ce genre de choses. Et je commençais à me demander ce que moi j'aurais fait.

Jésus me regarde et me dit: "À ton avis, qui a été le prochain pour cet homme tombé dans les mains des bandits"? Bien entendu il n'y avait pas trente-six réponses; il n'y avait que le samaritain qui avait su voir en cet homme blessé, un prochain, celui qu'il faut aimer comme soi-même, même si on ne le connaît pas, même s'il fait peur, même s'il est étranger. Je n'avais pas le choix. J'ai donc répondu le samaritain. Il m'a juste dit : "Va, et toi aussi fais de même". Et il m'a planté là, et a continué sa route.

Ce qui est certain c'est que ce rabbi, qui n'a pas fait d'études, qui ne se réclame que de Dieu, je n'ai rien pu faire contre lui. Je cherchais le combat, je ne l'ai pas eu. Et je dois reconnaître que le blessé c'est moi. Blessé parce que pour moi, Jésus était bien pire qu'un samaritain et que je m'étais trompé. Blessé parce que je voulais le mettre à l'épreuve avec mon savoir, et que c'est moi qui ai été mis à l'épreuve finalement. Blessé, parce que je me rends compte que j'aurais aimé qu'il me prenne avec lui. Peut-être que malgré tout, j'aurais pu servir à quelque chose. Blessé parce que je me rends compte que la miséricorde n'est pas de mon côté mais du sien.

Alors j'ai obéi... Je suis reparti d'où j'étais venu, mais celui qui est revenu n'est plus celui qui est parti. J'ai compris que juger les autres, c'était en quelque sorte les mettre à mort et que ce que Dieu veut, c'est la vie. Et j'ai compris que la vie éternelle, ce n'est pas dans le futur qu'elle commence, mais ici, chaque fois que je peux me faire le prochain de celui que je rencontre.

Alors merci à ce Rabbi, dont le nom dit que Dieu Sauve, parce que je crois qu'il m'a sauvé de moi-même et qu'il m'a fait comprendre que tout docteur, tout savant que je sois, c'est quand même à son école à lui que je dois me mettre. Mais comment est-ce que je vais faire comprendre cela à mes frères?

———

Marthe et Marie. "Seigneur, cela ne te fait rien que ma sœur m'ait laissé faire seule le service"? Lc 10,40

C'est cet évangile de Marthe et Marie, Lc 10, 38-42, qui sera lu - ou proclamé - le seizième dimanche du temps ordinaire.

Comme le fait remarquer un commentateur, il fait suite à la parabole du Bon Samaritain. Est-ce-qu'il y a un lien entre les deux? Jésus est-il le samaritain de Marie qui se fait apparemment attaquer par sa sœur, ou de Marthe? Je pense qu'il est intéressant de regarder en même temps le chapitre 11 de l'évangile de Jean, où Jésus, au moment de la mort de Lazare, s'adresse successivement aux deux sœurs qui curieusement disent toutes les deux exactement la même phrase: "*Si tu avais été ici, mon frère ne serait pas mort*" (Jn 11,21 et 11, 32).

Cette dernière remarque, dans la bouche de Marthe, sonne un peu comme un reproche; de la même manière que ce qu'elle dit dans l'Evangile de Luc: "*Cela ne te fait rien ma sœur m'ait laissé faire seule le service? Dis-lui donc de m'aider*", que l'on pourrait remplacer par "*Dis à ma sœur de m'aider*"; phrase que pour ma part j'aime bien rapprocher de la demande de l'homme qui se pense lésé: "*Dis à mon frère de partager avec moi l'héritage,*" auquel Jésus répondra par une fin de non recevoir. Dans l'évangile de Luc Jésus prend la défense de Marie, et fait comprendre à Marthe, qu'à ce moment là, Marie a choisi la meilleure part. Dans l'évangile de Jean, Jésus utilise la phrase de Marthe pour pousser celle-ci à poser une affirmation: "Oui je le crois, tu es le fils de Dieu"; et donc pour aller bien au-delà de ce qu'elle pouvait croire d'une résurrection dans le futur. On reconnaît bien la pédagogie de Jésus.

Dans la bouche de Marie, c'est la même phrase (Jean 11), mais comme elle se jette aux pieds de Jésus (décidément c'est là qu'elle semble se sentir bien), celui-ci est bouleversé et ne parle pas; il va même se mettre à pleurer. Sa seule demande sera: "*Où l'avez vous mis*"? Comme si Marie, en le touchant au plus profond de lui-même, avait pu mettre en route l'acte qui va par ailleurs pousser les Juifs à décider de le tuer.

On a donc deux personnalités très différentes; et Jésus se laisse toucher par Marie, même si plus tard, à la résurrection, il lui dira ne ne pas le toucher, de ne pas le retenir. Mais il est touché par les pleurs et la volonté de cette femme de récupérer le corps de son Rabbouni.

On a écrit bien des commentaires sur le texte de Luc; parfois très moralisateurs. Aujourd'hui, je voudrais laisser parler les deux femmes, qui ont eu certainement une vision très différente de l'hospitalité. Je veux dire que Marthe se comporte un peu comme Abraham qui va faire tuer le veau et demander à sa femme de faire cuire du pain pour ses trois hôtes, alors que Marie ne fait rien, elle est juste là, à la place qu'elle pense être la sienne, et elle écoute Celui que son cœur aime.

Marthe raconte

Quand Marie est revenue à la maison après sa rencontre avec celui qu'elle appelle son maître, j'ai cru retrouver enfin ma sœur, mais elle n'est plus la même. Déjà avant ce n'était pas facile, mais maintenant elle est un peu dans la lune, elle ne fait pas grand chose, elle essaie de savoir où se trouve son Jésus. Et voilà que son Jésus, il est dans notre village, à Béthanie, "la maison des dattes", et il s'invite chez nous.

Naturellement il ne vient pas tout seul, et à moi de préparer le gite et le couvert. Bien sûr les serviteurs sont là, mais ils ne voient pas comme je vois; je dois, de fait, être derrière eux et veiller à tout. J'espérais que Marie, qui le connaît bien, pourrait m'aider, et même me dire ce qu'il aime manger. Mais voilà, elle s'est assise par terre, tout près de lui, à ses pieds. Lui, il parle, ou il raconte, ou il prie. Je ne sais pas.

Et la moitié du village est là, et ma maison est envahie, et je ne le supporte pas trop. Du coup je ne sais plus où donner de la tête. Il faut bien leur donner aussi de quoi boire et de quoi manger, à tous ceux qui se sont invités. Et d'un coup, ça s'est mis à bouillir en moi. Moi aussi j'aimerais bien pouvoir m'asseoir, pouvoir écouter, pouvoir être remplie par sa parole, mais ce n'est pas possible, pas pensable.

Alors j'ai osé l'interrompre, le Jésus. Je lui ai demandé de dire à ma sœur de m'aider, ce qui est normal. Et puis, en plus, je n'aime pas qu'elle soit là, à écouter, à ne rien faire. Les autres, les pharisiens, les amis de mon frère Lazare, ils vont encore en profiter pour raconter des horreurs sur elle.

Et lui, au lieu de faire ce que je lui ai demandé, je reconnais que ce n'était pas sur un ton très aimable, mais comme je l'ai dit, je me sentais submergée, il m'a regardée droit dans les yeux, et il m'a dit que je devais cesser de me donner du souci (tiens peut-être qu'il comprend aussi que je me soucie pour ma petite sœur), et de m'agiter pour bien des choses (et là, il a raison, je dois avoir la tête partout et c'est fatigant), mais que je ne devais pas compter sur ma sœur. Il dit qu'elle a choisi la meilleure part, et que cela ne lui sera pas enlevé. En d'autres termes, elle, elle reste là, elle peut se nourrir de sa présence, de sa parole, et moi...

Il dit qu'une seule chose est nécessaire. Une seule.. Si c'est celle que ma sœur a choisie, pourquoi est-ce que je ne la choisirais pas aussi? Ne plus se soucier, ne plus s'inquiéter, être dans le présent avec lui; et faire confiance aux serviteurs, qui connaissent quand même bien ce qu'ils ont à faire.

Et alors là, il s'est passé quelque chose. Je suis allée dire aux serviteurs de se débrouiller sans moi, et que je voulais aussi écouter ce que ce Jésus avait à dire du Royaume, et aussi comprendre pourquoi ma sœur est devenue autre depuis qu'elle l'a rencontré. Je vais leur faire confiance, parce que c'est peut-être cela qu'il veut me faire comprendre.

Moi aussi, je me suis assise, moi aussi j'ai écouté, et moi aussi j'ai commencé à croire que Celui-là était le Fils du Très-haut.

Marie raconte

Il est là, il est là, celui que mon cœur aime. Il est dans ma maison, enfin dans la maison de ma sœur. Il est entré, il nous a saluées; il s'est installé dans la cour, et les autres sont arrivés, et se sont mis en cercle autour de lui. Il y a des têtes que je connais bien, ceux qui le suivent depuis le début, mais aussi des gens du village qui veulent l'entendre parler du règne de Dieu, de ce Dieu qui est certes le nôtre, mais que lui appelle son Père. Et moi qui ai versé sur ses pieds un flacon de parfum, moi qui ai versé des larmes parce que je me sentais si sale, bien plus sale que ses pieds, je me suis assise à ses pieds, parce que c'est là que je suis à ma place, que je suis bien; et je l'ai écouté, mais je crois aussi que je me remplissais de sa présence, que quelque part je me laissais remplir par lui.

Et voilà que Marthe est arrivée, avec sa tête des mauvais jours. Elle l'a interrompu en lui demandant de me dire que je devais aller l'aider. Bon, elle a raison, mais Jésus je sens bien qu'on ne l'aura pas toujours; alors tant qu'il est là, tant que l'Epoux est là, moi je veux me réjouir de sa présence et ne rien en perdre.

Et le miracle, c'est qu'il est allé dans mon sens. Il lui a dit qu'elle devait cesser de se donner du souci et de s'agiter pour bien des choses. Et là, je me suis dit que vraiment il la connaissait bien, parce que ma sœur, elle ne sait pas se poser. Je crois qu'elle veut être comme la femme parfaite du livre des Proverbes, se lever la première, se coucher la dernière, veiller au bien-être de tous. Seulement elle, c'est un tourbillon, et elle ne goûte plus la vie. Si je suis partie, c'est un peu aussi pour ne pas devenir comme cela, être mangée par les soucis, alors qu'il y a autre chose.

Ils se sont regardés. Il a ajouté que j'avais choisi la meilleure part, et que cela ne me serait pas enlevé. J'en aurais pleuré de joie si j'avais pu. Oui, aujourd'hui, c'est moi qui ai choisi cette place qu'il dit être la meilleure; aujourd'hui cette place, personne ne me la ravira et aujourd'hui, je peux dire que ma joie est totale.

Et ma sœur m'a regardée, mais autrement; et elle est venue s'asseoir à côté de moi. Et quand Jésus a eu fini de parler et de répondre aux questions des uns et des autres, le partage du repas est ven. Et après le repas il est resté: il a demeuré chez nous, et nous sentions que toute notre maison était changée par sa présence.

Cet homme là, je le suivrai jusqu'au bout du monde.

Un disciple raconte la venue de Jésus chez Marthe

Il nous avait envoyés devant lui, dans un village où il comptait enseigner, guérir, et passer la nuit avant de partir plus loin. En fait on ne sait jamais très bien où il veut aller, mais c'est bien ainsi. Dans ce village là, c'est une femme qui nous a accueillis et a proposé l'hospitalité. Elle s'appelle Marthe; comme vous le savez, cela signifie "dame", "maîtresse", et elle m'a bien semblé être une maîtresse femme.

Dès que Jésus est arrivé, elle a mis sa maison à sa disposition. Lui s'est assis, comme souvent, et s'est mis à parler. Pendant ce temps, compte tenu de l'heure, le soir tombait, elle s'est affairée à la préparation du repas. Elle allait à droite et à gauche, je la voyais chercher une autre nappe, sortir pour avoir un peu plus de vaisselle parce qu'elle n'avait pas assez de coupes, surveiller la cuisson du pain, parce qu'il en fallait quand même beaucoup. Une vraie maîtresse femme.

Sa sœur elle, est bien différente. On nous a dit qu'elle se prénommait Myriam. Elle m'a paru jeune. Elle est allée s'asseoir aux pieds de Jésus, et elle buvait ses paroles, un vrai bonheur de la voir. Mais c'est sûr que comme maîtresse de maison, ce n'est vraiment pas ça. Elle veillait quand même à ce que Jésus ait à boire, et elle s'est même levée plusieurs fois pour cela.

Tout à coup, Marthe est arrivée. Elle s'est adressée à Jésus en lui demandant s'il trouvait normal qu'elle fasse seule tout le travail. Moi, je pensais qu'elle avait bien raison de se plaindre: quand autant de personnes arrivent chez vous, il faut des bras. Elle lui a donc demandé de dire à sa sœur qu'elle devait l'aider.

En général, Jésus, quand on lui donne des ordres, et là, c'en était un, un peu déguisé certes, mais un ordre quand même, il n'aime pas. Il lui a quand même répondu gentiment; mais fermement.

Il ne lui a pas dit que ce n'était pas bien de se donner du souci pour que tout soit parfait. Il ne lui a pas dit que ce n'était pas bien de s'agiter dans tous les sens. Je crois qu'il sait bien ce que c'est que de recevoir un hôte tel que lui et ses amis.

Il a quand même eu une de ces phrases dont il a le secret; il lui a dit qu'elle s'agitait pour bien des choses, mais qu'une seule était nécessaire. Et cela, c'était une phrase bizarre, parce qu'il n'a pas dit que Marie devait l'aider, mais qu'elle avait choisi la seule chose nécessaire; et que cette chose ne lui serait pas enlevée. Et en disant cela il la regardait en souriant, un peu comme s'il y avait une connivence entre eux. Je me demandais ce que c'était que cette chose. C'est peut-être ce bonheur d'être là, avec lui, de l'entendre parler du royaume, de l'entendre parler sans se lasser, de se laisser en quelque sorte nourrir par lui.

Et Marie a eu un sourire de bonheur; et Marthe a regardé sa sœur aussi avec un sourire, et du coup certains d'entre nous, ont proposé leur aide; et le repas qui a suivi a été un repas finalement simple, où chacun se sentait accueilli comme un frère.

En général, quand Jésus entre dans un village, il guérit. Je me demande si, en douce il n'a pas guéri cette Marthe de quelque chose, de cette maladie de la perfection.

———

L'ascension. Simon, l'ami de Cléophas raconte. Lc 24,51

Peut-on dire que l'Ascension est la véritable fin du confinement de Jésus sur la terre, sur sa terre? Il y a la mort, le corps mort, le souffle donné, perdu, puis retrouvé et redonné. Il y a ce temps, variable d'un évangile à l'autre, avec ce corps différent, qui est là, qui se trouve là où on ne l'attend pas, qui semble disparaître quand on se rend compte que celui qui était là est celui qui est. Et le départ...

Je me suis toujours demandée comment les apôtres avaient pu faire leur deuil , parce que, quand même, il y a bien eu un sacré traumatisme avec la mort de celui en qui ils avaient mis leur confiance. Et pas le temps de le faire le deuil, puisque le corps a disparu. Et ensuite ce temps étrange, qui précède cette phrase de Luc que j'aime tant: "il se sépara d'eux". Un peu comme si le groupe de ceux étaient là (que ce soit à Jérusalem ou ailleurs) était une sorte de matrice à l'intérieur de laquelle Jésus pleinement homme avait vécu son temps d'homme, et que le temps était arrivé, comme une naissance, de partir vers ce lieu où il devait nous préparer une place; ce lieu où il retrouvait pleinement celui qu'il nomme son Père; ce lieu d'où il allait envoyer l'Esprit, feu qui n'est pas volé aux dieux, comme le fit jadis Prométhée, mais qui fait de nous des humains renouvelés, animés, fils du Père et frères du Fils.

Je voudrais juste laisser parler Simon, ce Simon si triste qui prenait la route d'Emmaüs, qui a vécu ce temps entre le matin de la résurrection et le matin de l'Ascension, et qui une fois de plus s'est, comme chacun d'entre nous, retrouvé quand même seul sur le chemin de sa vie, mais avec cette joie imprenable du voir.

Dans le billet de blog https://giboulee.blogspot.com/2020/05/il-fut-enleve-leurs-yeux-il-se-separa.html, on pourra trouver une mise en parallèle de cet événement dans les 4 évangiles, bien qu'il soit absent de l'évangile de Jean.

Je rappelle simplement que chez Matthieu cela se passe en Galilée, que pour Marc, cela semble se passer à Jérusalem, que pour Luc cela se passe à Jérusalem (avec deux récits: Lc 24 et Ac 1).,

Simon raconte

Quand ils l'ont crucifié, le monde s'est écroulé pour nous. Il n'a rien fait pour montrer qui il était, il s'est laissé faire, il s'est laissé battre, il s'est laissé humilier, et il est mort, mort, mort. Alors, parce que nous avons dû attendre le premier jour de la semaine pour rentrer chez nous, nous étions abattus, las, tristes à en mourir. Nous étions en deuil, en nous ça pleurait, ça criait, ça gémissait. La Pâque pour nous, c'est une fête, c'est la fête de la libération, mais là, nous nous sentions enchaînés dans notre tristesse, dans notre "à quoi bon".

Ce qui est étonnant, c'est que quelqu'un a vu que nous étions tout sauf festifs, et qu'il nous a posé des questions. Il était très simple cet homme, et il connaissait les écritures, parce qu'il s'est mis à expliquer des choses auxquelles nous

n'avions jamais pensé, et qui permettaient de comprendre que cette mort ce n'était pas un échec, mais que c'était ce que Dieu avait prévu dans sa sagesse depuis toujours, pour que nous puissions devenir participants à sa divinité, sauvés de l'esclavage du péché: des vivants. Et puis le temps a passé, et on est arrivé chez nous, et on lui a proposé de manger avec nous. Et là, comme tout hôte, il a prononcé la bénédiction, rompu le pain et là... Là nos yeux se sont ouverts, et nous qui avions en tête l'image de Jésus pendu à sa croix, avec des plaies partout, nous avons compris que c'était lui, redevenu vivant qui avait cheminé avec nous. Et nous sommes partis à Jérusalem prévenir les autres que les femmes ne s'étaient pas trompées, qu'il était bien vivant, comme il l'avait dit..

Quand on est arrivé, on a raconté, et il a été là, au milieu de nous. A la fois le même et pas le même.

Du temps a passé.. Il a fallu s'habituer à ce qu'il soit là, et à ce qu'il disparaisse. Il parlait beaucoup, il expliquait beaucoup, mais là, on comprenait le sens, pardonnez moi l'expression, ça rentrait en nous comme dans du beurre. Cela a duré quarante jours, quarante jours qui ont passé si vite et si lentement.

Quarante jours, c'est important pour nous. Certains rabbins disent que c'est le temps qu'il faut à un homme pour se rendre compte qu'il ne combat pas contre Dieu, mais avec Dieu... Quarante jours, c'est le temps que Moïse a passé avec Dieu sur le Sinaï; et nous, nous étions un peu des Moïse avec notre Jésus, avec notre " Dieu Sauve".
Quarante jours...

Le quarantième jour, il nous a fait sortir du Cénacle. Il nous a emmenés au Mont des Oliviers, là où il avait accepté de se laisser arrêter. En fait, on est allé jusqu'à Béthanie. Là il nous a tous regardés, les uns après les autres. Il nous a bénis...

Et nous avons vu comme un nuage doré qui l'enveloppait, peut-être cette nuée qui est signe de la présence de Dieu; et il a disparu à nos yeux. Mais ce n'est pas vraiment cela. Il n'a pas été enlevé comme le prophète Elie; il s'est séparé de nous, comme un enfant se sépare du ventre de sa mère quand le temps de la naissance est venu. C'est un peu comme si pendant ce temps passé avec nous, il nous avait pétris et re-pétris par sa parole et par sa présence, qu'il nous avait nourris, et que là, nous étions sortis du four..

C'est difficile à exprimer, mais nous étions vraiment prêts à ce qu'il se sépare de nous pour toujours, pour que nous devenions ses témoins. C'était à nous de devenir Lui, et pour cela il nous a promis la force de l'Esprit qui ferait de nous ses témoins.

Seulement, parce que nous sommes des humains, une partie en nous était triste, triste; et nous regardions le ciel qui avait repris son aspect habituel. Alors nous avons tous vu et entendu la voix de deux êtres qui nous ont remis les pieds sur terre, nous qui nous avions la tête dans les nuages... Ils nous ont dit de ne pas rester là à bailler aux corneilles: que le Seigneur reviendrait dans sa Gloire.

Cela nous a changés. Il nous avait promis de nous donner son Esprit; alors au lieu de rester entre nous dans cette salle que nous aimons, parce qu'il y a vécu avec nous, nous avons repris le chemin du Temple et de la prière. Nous n'avons plus peur, nous sommes juste dans l'attente de ce Feu d'Amour qu'il nous a promis.

———

ÉVANGILE DE JEAN

Appel des deux premiers disciples. "Le lendemain encore, Jean se trouvait là avec deux de ses disciples" Jn 1,35

Nous avons commencé à travailler en groupe l'évangile de Jean, c'est-à-dire à le lire, à le laisser résonner, mais aussi le laisser nous interroger, car c'est bien un texte qui interroge. Dès le prologue, on rencontre Jean le Baptiste. C'est un personnage avec lequel je reconnais avoir un peu d'affinités. Sa décapitation, pour moi, n'est pas liée à un témoignage sur Jésus, même s'il est celui qui l'a annoncé; elle vient de ce qu'il a, comme tout prophète, osé critiquer le pouvoir en place.

Par ailleurs cet homme, avec son manteau en peau de bête, qui se nourrit de sauterelles et est décrit un peu comme un autre Elie, est un violent. Mais, car il y a un mais - qui est de taille, il n'a pas retenu ses disciples, il les a donnés, il les a poussés à partir pour suivre Jésus. Et ce qui se passe là m'a toujours fait penser à un accouchement. Je m'explique. *"Le lendemain, encore, Jean se trouvait là, avec deux de ses disciples. Posant son regard sur Jésus qui allait et venait, il dit: "Voici l'agneau de Dieu". Les deux disciples entendirent ce qu'il disait et suivirent Jésus"* Jn 1,35-37.

Jésus qui va et vient, cela a toujours évoqué pour moi ces pères qui, au moment d'une naissance, puisqu'ils étaient exclus de la salle de travail ou de la chambre, faisaient les cent pas en attendant. Les deux disciples, dont on ne sait pas alors le nom, sont en quelque sorte encore dans le giron de leur mère, ici Jean. Et ce dernier, en quelques mots, "Voici l'agneau de Dieu", leur donne comme l'envie de partir, de sortir de la sécurité de la communauté des disciples du Baptiste, pour aller vers Jésus qui attend. C'est pour moi une scène de gestation, d'enfantement et j'ai toujours admiré Jean, qui donne ceux qu'il a formés.

Je pense aussi que la manière dont je fais parler Jean le Baptiste n'a pas grand chose à voir avec ce personnage, mais c'est comme cela que ça s'est formulé en moi ce matin.

Jean, le Baptiseur, raconte

Ce jour là, j'avais baptisé, baptisé, et baptisé encore. Je n'en pouvais plus. Mes disciples baptisaient aussi. J'avais l'impression que mes paroles portaient du fruit, car du monde, il y en avait.

C'est vrai que je n'avais pas ménagé mes efforts pour que quelque chose se passe dans ce peuple sans foi ni loi, pour qu'il comprenne que quelqu'un allait venir qui mettrait de l'ordre, quelqu'un qui serait présence du Très Haut, quelqu'un qui enverrait brûler tous ces impies, tous ces voleurs, tous ces profiteurs, quelqu'un qui ferait le tri.

Mais ce soir là, je n'en pouvais plus, même si je sentais une certaine joie en moi, la joie d'être un bon serviteur.

Il faut dire aussi que ces derniers jours j'avais dû me justifier.. Des hommes venus de Jérusalem m'avaient demandé si j'étais Elie; si j'étais le Messie; si j'étais le prophète annoncé par Moïse. Je les ai sûrement déçus, car tous nous attendons le retour du prophète Elie, tous nous attendons ce prophète promis par Moïse, tous nous attendons le Messie. Et moi, je ne suis aucun de ceux là. Moi je suis "la voix qui crie, qui hurle dans le désert", le désert des cœurs; et qui demande à tout homme de faire un travail en lui, de redresser ce qui est tortueux, de préparer en lui la venue de celui que j'annonce mais que je ne connais pas.

Et comme si ça ne suffisait pas, il y a des pharisiens qui sont venus et qui eux aussi voulaient savoir pourquoi je faisais ce que je fais. Ils ne comprennent pas que si je propose ce baptême dans l'eau, c'est que c'est l'Esprit m'a dit de faire cela, pour préparer les cœurs à la venue de celui qui baptisera dans le Feu; et celui-là j'ai hâte qu'il arrive. Mais le temps me dure.

J'étais donc, ce soir là, à bout de souffle. Et voilà qu'arrive, alors que j'allais retrouver mes disciples, un homme relativement jeune. Comme à tous les autres, je lui demande de renoncer au mal qui est en lui et de changer, de mettre le Très Haut au centre de sa vie. Et je le vois sourire.

Il entre dans l'eau, et là, tandis que je le plonge dans les eaux du fleuve et qu'il se relève, je vois, et je dis bien je vois, comme une colombe qui descend du ciel, qui traverse les nuages et qui se pose sur sa tête et qui reste sur lui.

Alors pour moi le temps s'arrête. La colombe, je sais que c'est l'Esprit du Seigneur: et je sais alors que cet homme qui souriait en m'écoutant, c'est celui que j'attendais. Sauf que cet homme je ne le connaissais pas, je ne l'avais jamais vu, parce que ma famille ou plutôt la famille de ma mère, je l'ai quittée très tôt pour vivre dans la solitude du désert.

Et en moi jaillit à la fois la joie de celui qui est l'ami de l'Epoux, et l'envie de me jeter aux pieds de celui que je sais être le Fils du Très Haut. Mais lui ne dit rien; il me regarde, et me sourit à nouveau; puis il part, il disparaît. J'aurais tant voulu qu'il demeure avec moi, moi qui ne suis pas digne de délier la courroie de ses sandales; pour lui présenter mes disciples, et parler avec lui de son avenir; mais il est parti.

Je n'ai pas beaucoup dormi cette nuit là, et le lendemain alors que mes disciples étaient auprès de moi, le voilà qui arrive. Et je dis à ceux qui étaient les plus proches de moi "Voici l'agneau de dieu, celui qui vient sauver Israël de ses péchés". Lui, il était là, sur la rive du Jourdain, il allait de long en large, il ne disait rien..

Sans que je ne dise rien, André et Jean, Jean ce jeune prêtre qui vient de Jérusalem, se sont approchés de lui; enfin en restant un peu à distance. Lui s'est retourné, et leur a parlé. Je ne sais pas ce qu'il a dit, ni ce qu'ils ont dit eux, mais ils se sont éloignés tous les trois.

Et à nouveau la joie a jailli dans mon cœur. Il allait pouvoir mettre le feu sur la terre, il allait pouvoir commencer sa mission. C'est un peu comme si j'avais enfanté ces hommes pour les lui donner.

Oui, ma joie est parfaite.

———

André appelle son frère Simon. "Nous avons trouvé le Messie" Jn 1,41

En laissant travailler en moi l'évangile de ce jour, Jn 1,35-42, texte que j'aime beaucoup car j'y vois comme une naissance, est venu - ce qui n'est pas étonnant - le verbe demeurer. Il y avait eu dans l'évangile d'hier l'esprit qui descend et qui demeure, et dans celui d'aujourd'hui la question des deux "Où demeures-tu?" Ce verbe prend beaucoup de place dans cet évangile. Et peu a peu est né en moi le désir de rapporter cet appel. C'est André qui le fera.

Mais il me semble nécessaire de remettre un peu cette scène fondatrice dans son contexte.

Dans l'évangile de Jean, (Jn 1,18-28), quand ce dernier est interrogé par les pharisiens qui lui demandent d'une part qui il est, et d'autre part qui lui donne l'autorité de baptiser, Jean le Baptiste se définit comme "*la voix qui crie dans le désert*", et parle de quelqu'un "*qui est déjà là, au milieu des hommes*", et qui est comme un disciple de Jean (il est derrière moi). Mais il ajoute que lui, le prophète, l'ascète, "*n'est pas digne de délier la courroie de ses sandales*"! Si on se souvient qu'à l'épisode du buisson ardent il est demandé à Moïse d'enlever ses sandales, on peut comprendre que prononcer ces mots c'est d'emblée montrer la divinité de Jésus.

Quand, le lendemain, c'est-à-dire certainement après le départ de ceux qui sont venus de Jérusalem, Jésus en personne arrive près de Jean, ce dernier dit de lui qu'il est l'agneau de Dieu qui enlève le péché du monde, et que cet homme est le Fils de Dieu. On peut imaginer le questionnement de ceux qui sont proches de Jean.

L'auteur de l'évangile, un peu pour augmenter le suspens, laisse passer une nuit. Il met alors en scène Jésus, qui est en mouvement près du lieu où Jean baptise, et Jean qui voit Jésus et qui redit "Voici l'agneau de Dieu" à deux de ses disciples (André et un disciple sans nom). Manifestement ces mots font déclic en eux, et ils quittent leur maitre pour suivre cet inconnu, qu'ils nomment quand même Rabbi. La suite, c'est André qui la raconte.

André raconte.

Il a changé, celui que je suivais; il est devenu différent. Cela s'est produit après qu'il ait donné le baptême à un homme qui venait de Galilée. Cet homme, - Jean dit qu'il s'appelle Jésus -, a le même accent que moi: moi je suis de Bethsaïde, je suis pêcheur, lui il est de Nazareth, il est charpentier.

Jean nous a dit que celui-là était l'agneau de Dieu, qui enlevait le péché du monde. Enlever le péché, est-ce possible? Nos prêtres, dans le Temple, offrent bien à Dieu des sacrifices d'animaux (en quelque sorte ils payent à notre place), pour que nos péchés ne retombent pas sur nous. On peut dire qu'ils portent notre péché, comme le serviteur dont parle le prophète Isaïe, mais est-ce que ce sacrifice permet d'enlever le péché, de l'effacer? Je n'en suis pas sûr.

Ensuite, il nous a affirmé que tout ce qu'il fait depuis le début de son appel, pousser à la conversion, baptiser et encore baptiser, avec nous, presque à tour de bras, c'est pour qu'un jour apparaisse celui qu'il annonce, celui qui doit venir remettre de l'ordre. C'est un peu comme s'il avait été à la pêche de l'unique, et qu'il attendait cela depuis toujours; et que c'était une grande joie pour lui. Il a affirmé avoir vu l'esprit de Dieu descendre et demeurer sur lui, tandis qu'il sortait de l'eau.

Moi, je n'ai rien vu, il n'y a pas eu de voix, pas de bruit, mais Jean lui, il a vu et il sait..

Et, aujourd'hui, le revoilà, le Jésus.

Il marche de long en large comme s'il attendait quelque chose. Jean et lui se regardent, et Jean nous dit: "Voici l'agneau de Dieu"; ce qu'il avait déjà dit l'autre jour. L'agneau de Dieu, qui a participé à la libération de l'esclavage. Agneau de Dieu! Cela a résonné en moi.

Il y avait aussi un autre disciple avec moi quand Jean a prononcé ces mots. On a eu l'impression que c'était comme pour nous dire: suivez-le! Alors nous avons quitté Jean pour le suivre. Mais on ne savait pas trop où il allait. Il s'est retourné et il nous a demandé ce que nous voulions. Ses mots ont été: "Que cherchez vous?"? En fait on ne savait pas trop. Nous lui avons alors demandé - parce que nous étions un peu pris de court - où il demeurait. Il nous a alors dit de venir avec lui; comme cela nous verrions où il demeurait. Nous sommes partis avec lui, c'était dans l'après-midi, le soleil n'était pas couché, c'était une belle journée, une journée qui restera à tout jamais dans mon souvenir, une journée de naissance.

Il a fait un feu, il a parlé de lui, de sa famille, de son Père, celui que nous ne voyons pas mais qui demeure en lui, et nous avons compris, comme Jean l'avait vu, qu'il était le Messie que nous attendions. Alors, au petit matin, je suis parti chercher mon frère Simon.

Comme d'habitude, Simon a fait un peu de résistance pour me suivre, il pensait qu'une fois de plus je m'étais emballé, mais il est quand même venu. Jésus l'a regardé, et je sais par expérience que quand Jésus vous regarde, il se passe quelque chose au plus profond de soi; et il lui a parlé. Il lui a donné un nouveau nom: Képhas, comme si mon frère Simon était appelé à devenir un roc; mais un roc pour qui? Toujours est-il que mon frère est resté ce jour là, et qu'il a décidé de rester avec Lui.

Je ne sais pas dans quelle aventure il va nous embarquer, mais je pense que la pêche, c'est fini pour nous. Ce qui est certain, c'est que je veux demeurer auprès de cet homme en qui je sens palpiter la présence de l'Esprit.

Appel de Nathanaël. "Quand tu étais sous le figuier je t'ai vu" Jn 1, 48

Nathanaël raconte sa rencontre avec le Rabbi Jésus.

"Quand Philippe m'a dit qu'il avait trouve le Messie, je l'ai regardé avec des yeux ronds. Philippe, il s'emballe facilement... Mais quand même, dans son timbre de voix, je sentais qu'il était comme la fiancée du Cantique des Cantiques qui a trouvé son Bien-Aimé. Et cela m'a ému, car le Messie, nous avons tous tellement hâte qu'il vienne. Jean le Baptiste parle de lui comme s'il allait arriver maintenant et qu'il remettrait enfin de l'ordre, mais... Mais une partie de moi aimerait que ce soit vrai et une autre n'arrive pas à y croire.

Et quand il a ajouté que ce Messie, celui qui sera le sauveur, venait de Nazareth, alors quand même j'ai éclaté de rire. Vous vous rendez compte? Il aurait dit Jérusalem, ou même Bethléem, mais Nazareth, ce village qui sert de réservoir de main d'œuvre à la ville de Sephoris, qui est tout le temps en contact avec la manière de vivre grecque. Ce n'est pas envisageable. Et puis, il le sait bien Philippe que le Messie doit être un descendant du roi David. Mais je vais lui faire plaisir, je vais aller le voir ce Jésus. Peut-être que c'est un prophète.

Et je suis parti avec lui. Quand Jésus m'a vu, il m' a dit que j'étais un juif sans ruse en moi. Je n'ai pas trop compris ce qu'il voulait dire; c'était un peu comme s'il avait entendu ma réaction quand j'ai su qu'il était le fils de Joseph du village de Nazareth. Et comme j'attendais la suite, il m'a dit qu'il m'avait vu avant que Philippe ne vienne me parler. Et il a parlé de figuier. Et là...

Parce que oui, quand je lis la Torah, j'aime m'installer dans mon jardin, sous un figuier. J'aime cet arbre, j'aime ses grandes feuilles qui me protègent du soleil (et je suis un peu comme Jonas, à l'ombre de cet arbuste qui avait poussé en une nuit). J'aime les feuilles qui ont permis à notre ancêtre lointain de devenir créatif en cousant des feuilles ensemble pour cacher sa nudité, j'aime ses fruits qui sont doux comme du miel et qui ouvrent mon cœur. Méditer la Loi, c'est comme manger ces fruits qui font penser à du miel.

Alors quelque chose s'est comme ouvert en moi, comme si mes yeux s'ouvraient, comme si mon cœur comprenait. Et une phrase étonnante est sortie de mes lèvres... Je l'ai appelé Rabbi, lui que je méprisais parce qu'il était de Nazareth, et j'ai affirmé qu'il était le fils de Dieu, qu'il était le roi d'Israël. Je ne sais pas trop pourquoi cette affirmation est sortie, mais c'était une certitude. Et au fond de moi, je remerciais Philippe d'être venu me chercher.

Et lui m'a alors répondu que je verrai des choses plus grandes. Des choses plus grandes que quoi? Et là, il a affirmé que je verrai le ciel ouvert, et les anges de Dieu monter et descendre au-dessus du Fils de l'Homme. Moi, je l'avais appelé Fils de Dieu. Lui, il s'appelle Fils de L'Homme; il ouvre les cieux fermés depuis qu'Adam en a été chassé.

Je sais qu'il sera le chemin pour aller vers Dieu; je sais qu'Il sera la porte. Je sais surtout qu'il est celui que mon cœur attendait.

Merci à toi, mon ami Philippe, de m'avoir conduit vers Lui..."

―――――

La Samaritaine. " ... L'eau que je lui donnerai deviendra en lui source d'eau jaillissant pour la vie éternelle" Jn 4, 14

C'est l'évangile du 3° dimanche de Carême, du moins pour cette année. C'est un texte connu, commenté, mais toujours renouvelé et renouvelant. On y trouve encore une femme qui n'a pas de nom; certains lui donnent le nom de Photine (la lumineuse); c'est une femme qui, comme plus tard Marie de Magdala, est déjà apôtre.

Quand nous avons lu ce chapitre en groupe, l'idée d'écrire un texte pour raconter cette rencontre auprès d'un puits était là; mais le temps a passé. Et ce dimanche, ce drôle de dimanche de retour de Savoie, en lisant, relisant et re-relisant encore ce texte, la phrase *"en source d'eau jaillissant (et non pas jaillissante comme je l'avais toujours lu) en vie éternelle, ou pour la vie éternelle"* a fait son chemin.

Dans la mythologie grecque, les dieux boivent un nectar, l'ambroisie, qui leur procure une vie sans fin, une vie sans mort, mais une vie qui, si on y regarde de près, est complètement centrée sur eux mêmes. L'eau que propose Jésus est bien autre, parce qu'on ne la garde pas pour soi. Elle comble la soif d'infini, la soif de relation et elle devient source. Elle fait un curieux chemin. Elle entre en nous, mais elle ne demeure pas enfermée: elle rejaillit à son tour, elle devient source, ou peut-être gouttelettes; elle peut féconder.

J'ai choisi pour raconter cette rencontre de laisser parler le rédacteur de l'évangile, parce que malgré tout il faut bien que quelqu'un ait été témoin de cette rencontre, dans cette zone de Samarie près de Sichem, là où se trouve un puits profond acquis par Jacob, et donné aux fils de Joseph; puits qui n'est pas celui où Jacob a fait la rencontre de Rachel (Gn 29, 6-12), mais puits qui est donc lié à Jacob et à son histoire. Ne raconte-t-on pas que Jacob fut capable de rouler d'un seul bras la pierre qui était sur la bouche de puits, et que l'eau alors monta du puits et se mit à déborder, abreuvant ainsi toutes les bêtes du troupeau. Voir http://bit.ly/2UgGjWH.

Jean l'évangéliste raconte.

Il faut dire que ce matin-là nous étions partis un peu tard de Judée - où nous avions séjourné pas loin de l'endroit où Jean baptisait - pour retourner en Galilée. Nous devions hélas passer par la Samarie; et vers la sixième heure le soleil s'est mis à cogner. Nous étions encore loin de la ville de Sychar, cette ville samaritaine. On n'en pouvait plus, ni les uns ni les autres. On savait bien que le puits de Jacob n'était pas trop loin, mais comme nous n'étions pas trop familiers des lieux, parce que nous les juifs nous n'aimons pas du tout passer chez les Samaritains, ces faux frères qui refusent d'aller au Temple de Jérusalem pour prier le Très Haut, et qui continuent à adorer une sorte d'idole sur le Mont Garizim, nous avons mis du temps pour le trouver. Et puis, impossible de demander notre chemin: il n'y avait pas un chat dehors. Il faut dire qu'avec cette chaleur, qui aurait l'idée de sortir...

On s'est arrêté au puits. La pierre n'était pas posée sur l'ouverture. On entendait l'eau qui clapotait un peu. On raconte que quand Jacob était auprès du puits, l'eau montait et se répandait toute seule pour abreuver hommes et bêtes. Mais là, pour pouvoir s'abreuver, il fallait trouver une jarre ou quelque chose, et nous n'avions rien avec nous. Les autres sont partis acheter des provisions; moi je suis resté avec Jésus, qui manifestement n'en pouvait plus. C'est rare qu'il soit fatigué; en général il marche d'un bon pas, mais là, la chaleur manifestement avait eu raison de lui.

J'ai dit qu'avec cette chaleur il n'y avait pas un chat dehors, et pourtant voilà qu'arrive une femme, portant une jarre sur son épaule. Je me suis vraiment demandé ce qu'elle pouvait faire là, alors que l'eau on va la puiser à l'heure fraîche; bizarre cette femme. Elle doit sûrement ne pas être bien vue par les femmes du village, pour aller chercher de l'eau en pleine chaleur et non pas au petit matin. Je me demande ce qu'elle a bien pu faire, ou leur faire.

Et voila que Jésus lui demande à boire! Il ne s'embarrasse pas de formules de politesse, il lui dit: "Donne moi à boire!", même pas s'il te plaît. Et elle lui répond du tac au tac qu'elle se demande pourquoi il lui adresse la parole. Mais lui ne se laisse pas déconcerter: il lui rétorque que, si elle avait les yeux du cœur, elle aurait deviné que celui qui lui demande à boire n'est pas n'importe qui, et que c'est elle qui aurait dû lui demander à boire! Parce que lui, ce n'est pas une eau dormante dans un puits qu'il donne, mais une eau vive, une eau de source. Bon ça c'est du Jésus tout pur. Il vous emmène toujours ailleurs. La pauvre dame, elle ne pouvait pas comprendre! Bien sûr, l'eau vive, c'est autre chose.

Et du coup, elle lui fait remarquer que comme il n'a rien pour puiser, elle ne voit pas comment il pourrait lui donner à boire. Elle en reste à l'eau du puits, cette eau qui pouvait quand même couler d'abondance du temps de Jacob. Et Jésus lui fait alors comprendre que l'eau qui sort du puits ne pourra jamais vraiment étancher la soif, la soif du gosier, car la soif revient toujours; mais qu'il y a une autre soif en chaque être humain et que lui, cette soif là il peut la combler. Je ne crois pas qu'elle ait compris, sauf que bien sûr ça l'intéresse cette eau, de ne plus avoir besoin de puiser. Il sait y faire Jésus pour déplacer les gens, je veux dire pour leur faire découvrir des choses complètement inattendues..

Je ne sais pas de quelle eau il parle, mais il lui dit que l'eau qu'il lui donnera, deviendra en elle source d'eau jaillissant pour la vie éternelle. Et moi, j'ai vu comme une fontaine qui jaillissait de lui, une fontaine où des oiseaux venaient s'abreuver; et les gouttes d'eau qui tombaient sur eux, les transformaient en colombes qui s'envolaient. Et chaque oiseau, je ne sais comment le dire, devenait lui même source. Mais ça ne se décrit pas. Non, c'était autre chose. Il y avait une source, et les gouttes qui en jaillissaient, en tombant sur le sol donnaient naissance à d'autres sources, et la vie était là, et se renouvelait en permanence. Quand il a dit: source d'eau jaillissant pour la vie éternelle, quelque chose s'est comme ouvert en moi; mais c'est tellement difficile de l'exprimer. La femme, elle, elle a sauté sur la proposition et elle lui a demandé de cette eau-là. Je ne sais pas pourquoi, j'ai eu l'impression qu'elle commençait à voir en lui une sorte de magicien.

Dans notre histoire à nous, bien souvent quand il se passe quelque chose auprès d'un puits, auprès d'une source, c'est qu'une histoire d'amour n'est pas loin: c'est là que Jacob a rencontré sa bien-aimée Rachel. Alors je me demandais ce qui aller se passer, et voilà que Jésus lui dit d'aller chercher son mari. A quoi elle répond qu'elle n'a pas de mari; je n'en croyais pas mes oreilles, mais j'ai compris que ce n'était pas une femme très fréquentable. Et Jésus de lui dire qu'elle dit la vérité, que l'homme avec lequel elle vit n'est pas son mari, mais qu'elle a pourtant été mariée cinq fois.

Là, elle a dû se dire que cet homme, qui lisait en elle comme dans un livre, était non pas un magicien, mais un prophète. Et du coup elle lui a posé une question de fond: où faut-il adorer le Très Haut? Il lui a répondu que le lieu n'était pas important - je dois dire que j'ai quand même eu du mal à entendre ça, et que les vrais adorateurs adoreront en esprit et en vérité.

Je ne comprends pas. Mais ces mots là ont fait écho en elle, parce qu'elle a dû en adorer des faux dieux avec tous ces maris! Et elle lui a dit - cela m'a vraiment étonné - qu'elle sait que celui que l'on attend, celui que les Écritures appellent l'Oint (le Messie), va venir, et qu'il fera connaître toutes choses.

Jésus lui répond alors que c'est lui le Messie; lui, qui est en train de lui parler. Elle l'a regardé alors autrement. Je crois qu'elle voulait lui poser une autre question, mais les autres sont arrivés de la ville.

Quand ils ont vu que Jésus était en train de parler avec cette femme, ils ont compris que ce ne n'était pas le moment de poser des questions. Mais elle, un peu comme un petit oiseau effarouché, quand elle les a vus, a laissé sa cruche en plan, et est partie. On a su ensuite qu'elle a ameuté tout le monde en disant qu'elle avait rencontré un prophète qui lui avait dit tout ce qu'elle avait fait, et qu'elle se demandait s'il n'était le Messie, annoncé par Elie et par Jean le Baptiseur.

Quant à mes amis, ils n'en revenaient pas; Ils avaient laissé un homme épuisé au bord du puits, et voilà qu'ils retrouvaient un homme en bonne forme, un homme qui avait récupéré, un homme heureux, un homme comblé. Il leur a expliqué que ce qui le rendait ainsi c'était de faire la volonté de son Père, que c'était sa nourriture à lui. Je dois dire que ça encore, ce n'est pas facile à comprendre. Ensuite, il a eu une de ces petites phrases sibyllines que je comprends mal: il a dit que le temps de la moisson, peut-être la première moisson, celle du temps de la Pâque, arriverait dans quatre mois, mais que si on savait voir, on pouvait deviner la moisson. Il a ajouté qu'il nous envoyait moissonner là où nous n'avions pas semé; mais jusque là, il est le seul à semer. Est ce qu'il parle de la Samarie, où il aimerait que son Père soit connu?

Je pense que ça doit être ça, parce que les Samaritains sont venus vers nous, ils ont écouté la parole de Jésus et ils ont cru qu'il était l'Envoyé, qu'il était le Sauveur du monde. Et cela, en dehors de nous, personne ne le reconnaissait, ni en Judée, ni en Galilée!

Alors finalement cette femme, qui s'est laissée toucher par la parole de Jésus, elle a été comme le vent qui permet à la graine de pousser, et elle est bien devenue la source qui permet la fécondation.

J'ai encore bien du mal à entendre, à comprendre, à me laisser prendre par la parole du Maître, par la parole de celui qui est mon Seigneur; mais je me dis que j'ai eu bien de la chance de ne pas être parti avec les autres pour rapporter de quoi manger, parce que moi aussi, j'ai reçu une autre nourriture, de celui qui se nourrit de faire la volonté de celui qu'il nomme son Père.

―――

La guérison du paralytique. "Va et ne pèche plus" Jn 5,14

Si on suit la chronologie du rédacteur de l'évangile de Jean, au chapitre 5, Jésus se trouve à Jérusalem, après être passé par la Samarie. C'est un jour de sabbat, un jour où tout travail est interdit, pour respecter le "repos" de Dieu créateur, mais aussi pour faire de ce jour un jour non profane, un jour consacré au Seigneur. Cela, Jésus le sait, et le sait même parfaitement.
Des guérisons le jour du sabbat, il y en a un certain nombre dans les synoptiques. Dans l'évangile de Jean, elle est unique, de même que la pathologie du malade: un paralysé. Et Jésus ici n'attend pas une demande.

Il voit un homme, qui à mon avis peut lui faire penser à son père Joseph (je veux dire pour l'âge). Car si l'homme est paralysé depuis 38 ans, même si ce nombre peut être pris d'une manière symbolique (le temps du désert avant l'entrée définitive en terre promise avait duré 38 ans et cet homme par sa guérison sort du désert), il n'en demeure pas moins qu'il ne s'agit pas d'une paralysie de naissance. On peut alors penser que cet homme a perdu peut-être l'usage de ses jambes lors d'un accident, par exemple en tombant d'un toit... Et qu'il a donc un âge qui tourne autour de la soixantaine, et cela peut pour Jésus évoquer son père et peut-être éveiller sa compassion.

Cet homme n'est pas un mendiant; il attend un miracle. Quand Jésus s'adresse à lui - avec une question qui nous paraît étonnante: "Veux-tu être guéri" - il répond en se justifiant… Ce dont Jésus ne tient pas compte, et lui donne des ordres très semblables à ceux que l'on trouve dans l'évangile de Luc: "Lève-toi, prends ta civière et marche"; trois ordres. Puis Jésus disparaît, comme s'il voulait que l'homme ne s'accroche pas à lui, comme à un bienfaiteur ou à un faiseur de miracles, car ce n'est pas son heure.

Et c'est là que les choses se compliquent, car porter n'est pas permis ce jour-là, et l'homme devient la cible des pharisiens; qui ne rendent pas gloire à Dieu pour la guérison, mais pointent ce qui ne va pas: porter son grabat.

On a ensuite une rencontre qui se passe au temple, et qui me paraît importante. Car cet homme, dont j'imagine qu'il est allé directement au Temple pour rendre grâce et gloire à Dieu, retrouve son bienfaiteur. Je pense, même si on n'en dit rien, que ce type de rencontre doit être bouleversante. Et que Jésus lui dise, un peu comme dans l'évangile de Luc, "va et ne pêche plus", montre certainement qu'il y a eu à la fois guérison de la maladie - de ce qui se voit, on pourrait dire du symptôme - mais aussi du péché, qui lui ne se voit pas; qui est différent d'une personne à l'autre, et qui bien souvent crée des paralysies. Et de cela aussi Jésus guérit. Mais les pharisiens, qui en restent à ce qui se qui se voit, ne peuvent pas le percevoir.

Faire parler cet homme - ou le laisser parler, c'est pour moi insister aujourd'hui sur cette double guérison, car l'une ne va pas sans l'autre, qui manifeste la divinité de l'homme qui ne respecte pas le sabbat...

L'homme paralysé raconte

Toutes les semaines, le jour du sabbat, mes enfants me déposent, même si ce n'est pas permis par la loi de me porter, au bord de cette piscine dont l'eau a des pouvoirs miraculeux. Comme moi, ils espèrent. Comme j'ai encore de la force dans les bras, ils pensent que je vais pouvoir me débrouiller pour me plonger dans l'eau quand elle bouillonne. Ils ne se rendent pas compte que c'est impossible; mais peut-être qu'un jour quelqu'un sera là, et me mettra dans un de ces petits bassins qui jouxtent la piscine elle-même.

Cela fait 38 ans que je suis comme ça, trente huit ans que je viens, et mes cheveux sont blancs maintenant, mais je suis toujours là. Trente huit ans, c'est la durée de ce temps où mes ancêtres qui n'ont pas voulu faire confiance à notre Dieu sont restés dans le désert et sont morts. Peut-être que pour moi le temps est arrivé de sortir de ce désert. Peut-être que quelqu'un viendra, mais cela fait tant de temps que j'attends...

Tiens, il y a un homme jeune qui se dirige vers moi, comme s'il me cherchait. Il s'approche, il me demande si je veux être guéri. Quelle drôle de question! Bien sûr que je veux être guéri, sinon je ne serais pas là. Alors je lui dis que personne n'est là pour me descendre dans l'eau quand elle bouillonne. Et lui il me regarde, me regarde. Il a un regard étonnant, j'ai l'impression de me noyer un peu dans ce regard. Et je sens que dans mon corps quelque chose se passe, comme si ça devenait vivant. Il me dit de me lever, de prendre cette civière qui est la mienne depuis tellement d'années, et de marcher! Et je me lève, et je me baisse pour ramasser mon grabat, et je me mets à marcher!

J'aurais pu rentrer chez moi, mais malgré tout personne ne m'attend. Et le temple n'est pas loin, alors je décide de m'y rendre. Seulement, sur le chemin, je suis interpellé par des pharisiens, qui me demandent pourquoi je porte mon grabat alors que c'est interdit. Je leur réponds que je viens d'être guéri et que l'homme qui m'a guéri m'a dit de ne pas laisser mon grabat mais de le prendre avec moi; et je ne connais pas le nom de cet homme. Ils me demandent alors de venir leur dire qui a fait cela, si je le rencontre à nouveau.

Et dans le temple, voilà qu'il est là. Il prie. Et à nouveau nos regards se croisent. Et là encore quelque chose se passe. Il me dit une phrase curieuse: "Te voilà guéri, ne pèche plus, il pourrait t'arriver quelque chose de pire". Et à nouveau il disparaît, sauf que maintenant je comprends qui il est. Il s'appelle Jésus, il vient de Nazareth, et parle de Dieu comme si Dieu était son Père; il fait beaucoup de miracles. Je vais prier d'abord, rendre grâce à Dieu pour sa miséricorde, parce que je me sens guéri du dehors et du dedans, et puis j'irai dire aux pharisiens que cet homme s'appelle Jésus, et qu'il est l'envoyé du Père. S'ils ne veulent pas me croire, tant pis pour eux. Moi, je vais le chercher et le suivre, parce que ce qu'il a fait dans mon cœur, personne ne peut le faire. Il a remis la vie en moi, dans mon corps mais aussi dans mon esprit. Béni soit le Très Haut de nous avoir envoyé un tel homme.

———

Après la multiplication des pains. "Le pain que je donnerai, c'est ma chair, pour que le monde ait la vie" Jn 6,51

Certains exégètes pensent que ce chapitre pourrait faire suite directement au chapitre 4 (la Samaritaine): le pain qui donne la vie, suivant l'eau vive. On aurait ainsi une sorte d'enseignement sur le baptême et sur l'eucharistie. Pourquoi pas.

Ce chapitre raconte successivement une multiplication des pains, une tempête apaisée, et un long discours de Jésus; il est relativement compliqué, du moins en ce qui concerne l'enseignement de Jésus. Même en se basant sur les "En vérité, en vérité je vous le dis" qui ponctuent ce long discours, que classiquement on appelle le discours sur le pain de vie (pain de la vie), on ne peut pas dire que les choses soient simples.

Par ailleurs, si on admet que le rédacteur de l'évangile s'adresse, à la fin du premier siècle, à des disciples attirés par la gnose, qui refusent la réalité de l'incarnation et sont choqués par le rituel du repas du Seigneur, on peut comprendre l'aspect polémique de cet enseignement de Jésus.

Mais, au delà, il y a l'affirmation de l'identité de Jésus qui se dévoile, qui se révèle; son désir de donner la vie au monde, et l'affirmation qu'Il "est". Que les auditeurs, en prenant systématiquement le contre pied de ce que dit Jésus, soient finalement des faire-valoir, comme Nicodème l'avait été en demandant si un homme peut naître de nouveau en rentrant dans le sein de sa mère, cela peut être un bon artifice de style, permettant à la pensée de Jésus de se déployer, de prendre son envol, et surtout d'attirer à lui ces hommes en manque, mais qui ne le reconnaissent pas.

Pour rester dans l'ambiance de ce discours, j'ai eu envie de laisser la parole à un disciple proche de Jésus, qui pourrait raconter comment lui avait entendu cet enseignement. Mais volontairement je ne m'appuie que sur les six premiers chapitres qui précèdent. Je ne prends donc pas l'évangile comme une catéchèse, mais j'essaie de voir comment quelqu'un qui suit Jésus comprend ce qui s'est passé ce jour-là dans dans la synagogue de Capharnaüm...

Un disciple très proche du Rabbi raconte

"Maintenant, il n'y a plus personne. Et pourtant ils étaient bien nombreux à l'écouter après avoir été nourris. Ils sont tous partis. Encore heureux qu'ils ne lui aient pas jeté des pierres, parce qu'à Jérusalem, après qu'il ait guéri un paralytique, ils voulaient le tuer.

Ils avaient commencé par murmurer contre ce que le Rabbi disait; enfin, pas murmurer: hurler, tempêter, protester, que ce soient les pharisiens de Capharnaüm ou les disciples: enfin je veux dire certains qui se disent disciples.

Ils l'ont laissé. Et il n'est resté que les Douze, et quelques fous comme moi. Et je crois que si Pierre n'avait pas affirmé au nom de tous qu'ils restaient avec lui, que Jésus avait les paroles qui donnent la vie, peut-être que même certains de ceux là seraient partis. D'ailleurs Jésus n'a-t-il pas dit que l'un de ces Douze le trahirait.

Je me demande vraiment pourquoi tous ceux qui avaient été fascinés par la puissance qui se dégage de lui se sont détournés. Surtout qu'ils avaient vu…

Et ce qu'ils ont vu, c'était bien (en tous les cas pour moi,) le signe que Dieu nourrit son peuple, que Dieu est là, que Dieu se manifeste en ce rabbi qui l'appelle "mon Père", et qui nous promet la vie éternelle.

Le jour précédent, il nous avait conduits sur une de ces collines qui dominent la mer de Galilée. Et des hommes, des femmes et même des enfants étaient arrivés, il y en avait de plus de plus. Je ne sais pas trop ce qu'ils voulaient: l'écouter lui, le nouveau prophète, être guéris de leurs maladies, je ne sais pas.

Ce que je sais, c'est qu'il y avait beaucoup de monde et que le soir commençait à tomber. J'ai vu que Philippe s'approchait de lui et que ça discutait ferme. Je me suis approché en douce et j'ai compris que Jésus voulait qu'on donne à manger à tout le monde et qu'il n'y avait rien sauf cinq pains d'orge, le pain des pauvres; et deux malheureux poissons grillés. Cela m'a fait penser au prophète Elisée, qui avait reçu vingt pains d'orge et qui avait nourri cent personnes avec, et qui avait même annoncé qu'il y aurait des restes. Mais là, cinq pains pour autant de personnes! Philippe a parlé de cinq-mille hommes, ce qui fait quand même beaucoup.

Puis il y a eu comme un mouvement, parce que les apôtres ont demandé à tout le monde de s'asseoir, alors que beaucoup étaient prêts à partir. Et Jésus a pris les pains, a regardé vers le ciel, les a bénis; puis il s'est mis à les distribuer. Je suis incapable de vous dire ce qui s'est passé, comment ça s'est passé, mais des pains, il y en a eu pour tout le monde, même si en plus certains qui étaient plus prévoyants que les autres en avaient pris avec eux et du coup le partageaient.

Seulement ça a quand même provoqué une sacrée interrogation. Qui était-il celui là, qui finalement faisait enfin ce que l'on attend d'un roi, donner à manger à tous ses sujets? Alors certains ont commencé à s'agiter, à discuter entre eux.. Ils voulaient le décider à être leur roi, parce que ce qui venait de se passer là, c'était un peu aussi comme Moïse, qui avait donné de la manne dans le désert.

Lui, qui avait demandé de ramasser les restes, quand il a entendu ce qui se tramait, il n'a fait ni une ni deux, il s'est sauvé. Il n'y a pas d'autres mots; il a laissé tout le monde en plan et a disparu. Il doit bien connaître la montagne, mais après tout, c'est son pays.

Du coup les apôtres sont partis eux aussi. Ils m'ont pris dans leur barque, ce que j'ai apprécié. Mais ce que je n'ai pas apprécié c'est que d'un coup, sur ce fichu lac, une tempête s'est levée, une sacrée tempête, et on pensait bien que la barque allait chavirer. Et ça a duré et duré... Et tout à coup, on a vu une silhouette qui marchait sur l'eau. On était morts de peur, déjà les vagues, mais ensuite les fantômes de ceux qui avaient disparu dans le lac, parce que ça arrive parfois.

Et voilà que le fantôme s'est mis à parler. Au son de sa voix on a reconnu que c'était Jésus, qui venait quand même à la rescousse. Et le calme est revenu, et on s'est rendu compte qu'on était au bord du rivage, mais avec la tempête on ne reconnaissait rien.

Dans la journée Jésus est allé du côté de la synagogue, et ceux qui avaient été avec lui hier sont arrivés, ne comprenant pas comment il avait fait pour être là avant eux. Mais il ne leur a pas expliqué. Il les a pris un peu à contre pied, enfin c'est ce que moi je pense, en leur disant que ce qu'ils voulaient c'était du pain à satiété, et que lui, c'était un autre pain qu'il allait leur donner, que ce pain, ce serait lui. Mais il n'a pas dit comment.

Alors bien sûr c'est parti sur la manne, sauf que la manne, elle ne se gardait pas. Et ensuite sur Moïse; et là Jésus a voulu leur faire comprendre qu'il n'était pas un nouveau Moïse, mais l'envoyé du Père, le Fils du Père. Et là, ça a encore grincé. C'est que, voir en ce Jésus dont on connaît les parents et les frères, le fils du Très Haut, ce n'est pas évident; mais après tout dans les psaumes les rois sont bien appelés aussi fils du Très Haut.

Sauf que Lui, quand il parle de son Père, ce n'est pas une figure de style, c'est vraiment son Père, qui demeure en lui, qui lui montre ce qu'il faut faire, comment agir. Pourtant quand il se désigne comme étant "Moi, je suis", il y a de quoi être surpris, et ne pas comprendre. Il se désigne comme le Très Haut s'était nommé devant Moïse! Mais on peut quand même accepter de se poser des questions, au lieu de se boucher les oreilles en grinçant des dents. Ce qui est sûr c'est qu'aucun prophète n'a parlé de lui-même comme étant le Fils. Ils ont dit être des envoyés, des porte-paroles, mais les Fils non. Pourtant, ce que lui réalise, ce qu'il appelle les œuvres ou les signes, si on veut bien ouvrir les yeux, les yeux du cœur, on comprend que cela est bien au delà de ce qu'un homme peut dire ou faire.

Il a été violent envers ceux qui l'écoutaient. Il leur a rappelé qu'ils étaient allés voir Jean pour que ce dernier leur dise s'il était bien l'envoyé, mais qu'ils ne tenaient pas compte de ce que Jean disait. Il leur a dit qu'ils devaient ouvrir les yeux, regarder ces œuvres qu'il faisait, et surtout qu'ils devaient comprendre que si ces signes étaient là, c'est parce que le Très Haut qu'il appelle son Père était tout le temps avec lui et en lui.

Il leur a donné aussi une sacrée parole d'espérance, s'ils avaient bien voulu ouvrir leurs oreilles, quand il leur a dit que "ceux qui croient en lui ressusciteront au dernier jour"; qu'ils auront "la vie éternelle." Eux qui passent leur temps à se demander comment faire pour obtenir cette vie, ils avaient là, la solution. Mais ils doivent, comme disent les prophètes, avoir la nuque raide et les oreilles bouchées.

Il a bien dit à la femme qui était à côté du puits de Jacob, en Samarie, que les les adorateurs du Père adoreraient en esprit et en vérité.

Mais pour recevoir cette possibilité, il donne un moyen fou, un moyen incompréhensible: se nourrir de lui, le reconnaître comme du pain envoyé du ciel.

Et je pense que ce qu'il appelle la vie éternelle, c'est de connaître dès aujourd'hui cette présence. Ce n'est pas quelque chose qui est sans fin; c'est quelque chose de plein, qui remplit, qui comble, qui dilate, qui donne une autre vision.

C'est quand il leur a dit que pour obtenir cette vie éternelle, il fallait manger sa chair et boire son sang, que ça a complètement dérapé. Ils ont pensé qu'il était fou, parce que personne ne donne sa chair à manger; et en plus c'est sacrilège, parce que boire le sang c'est interdit, puisque le sang qui est le le principe de la vie, n'appartient qu'à Dieu.

Car il a bien affirmé qu'il était le pain de la vie, le pain vivant descendu du ciel, et que celui qui mangera de ce pain là ne connaîtra pas la mort; Mais moi, je pense qu'il veut parler d'une vie en plénitude. Mais comment... Je crois qu'il parle de quelque chose de lui qui demeurerait en nous, qui resterait, qui ferait de nous en quelque sorte des frères et des sœurs de pain et de sang, mais c'est juste une idée comme ça.

Quand on est amoureux, on a envie de tout donner à l'autre, de se donner complètement, alors peut-être que c'est sa manière à lui de dire qu'il nous aime, que celui qu'il nomme son Père nous aime. Pour moi, il est un amoureux fou de nous et c'est pour cela que je reste avec lui envers et contre tout. Et j'espère bien ne pas être celui qui le trahira, parce que cela il l'a annoncé.

D'ailleurs n'a-t-il pas dit que Dieu a tant aimé le monde qu'il lui a donné son fils?

Et puis, un tout petit qui est au sein, il se nourrit bien de sa mère, alors est-ce qu'il n'essaie pas, avec ces mots compliqués, de nous faire comprendre qu'on peut se nourrir de lui, qu'on peut trouver en lui une vraie vie? Bien sûr on est mortels, mais pas seulement; et est ce que ce n'est pas de cette vie spirituelle dont il parle, cette autre vie qui est la connaissance du très Haut?

Et puis, si le "Très Haut" a fait pleuvoir la manne pour nourrir son peuple pendant des années et des années, pourquoi ne pourrait-il pas aujourd'hui nous nourrir autrement? Je pense que celui qui se dit envoyé par Dieu qu'il appelle son Père, qui dit des paroles qui nous ouvrent des horizons nouveaux, doit bien trouver un moyen pour que sa présence demeure en nous autrement? Sauf que c'est bien difficile à imaginer.

Souvent, quand il parle, il me semble qu'il dit que nous allons devenir un nouveau peuple, un peuple choisi, mais autrement. Etre libres, être libérés du péché. Et cette liberté, il en a parlé à Nicodème. Enfin il me semble. Naitre de nouveau, écouter le souffle de l'Esprit, être dans la vérité.

Et je me disais que quand il parle de la vie, de la vie éternelle, il y a bien cette vision du prophète Ezéchiel, qui voit une source qui jaillit du temple, qui se transforme peu à peu en fleuve, et au bord duquel poussent des arbres dont les fruits donnent la guérison et la vie.

Peut-être que lui, qui dit de lui "Je suis", il est la source de la vie, c'est-à-dire Dieu venu nous visiter et demeurer avec nous. Peut-être que ce corps et ce sang dont il parle, sont ces fruits des arbres qui donnent la vie, je ne sais pas. Il trouvera bien un moyen. Seulement je crois bien que jamais les pharisiens ne pourront entendre cela et que ça va mal finir pour lui.

N.B. Quand on mange un fruit, on mange la chair et le jus, cela fait tout un. Parfois je me demande si Jésus qui donne la vie éternelle, n'est pas aussi comme le fruit de l'Arbre de la Vie, ce fruit qui a été dans la Genèse finalement dédaigné au profit du fruit de l'arbre de la Connaissance, et qui est celui que l'on peut consommer encore et encore, et qui donne et sa chair et jus. Après tout le jus de la vigne, c'est bien le vin…

———

L'aveugle-né. "Et qui est-il Seigneur pour que je croie en Lui?" Jn 9,36

Le chapitre 9 de l'évangile de Jean raconte la guérison d'un aveugle-né, mais l'astuce du rédacteur est de ne pas dire tout de suite que cette guérison, comme celle du paralysé de la piscine aux cinq portiques (Jn 5), a lieu un jour de sabbat.

Et ce non respect de la loi fait de Jésus, pour les juifs respectueux de la Torah, un pécheur; l'ouverture des yeux ne peut se faire en eux, et conduit à des désirs de meurtre. "La lumière est venue dans le monde, et le monde ne l'a pas reconnue".

Ce chapitre exprime, on peut dire concrètement, ce combat: dans ces dialogues entre l'homme guéri et les instances savantes.

C'est un chapitre que j'aime beaucoup. J'ai laissé l'aveugle-né parler, mais aussi exprimer sa tristesse devant ce bloc de résistance à ce qui pourtant pouvait "crever les yeux...".

L'aveugle-né raconte

Je n'ai pas le droit de rentrer dans le Temple et cela me tue. Au lieu de prier le Seigneur, de pouvoir offrir des sacrifices, de participer aux fêtes, je suis là, dehors, à tendre la main, à espérer que ceux qui vont passer pour célébrer la fête de la Dédicace voudront bien me regarder, moi, l'aveugle.

Beaucoup me considèrent comme un pécheur, et s'imaginent même que, comme le dit le psaume, "dès le ventre de ma mère j'étais pécheur". Mais moi je ne comprends pas un pareil jugement. Qu'est ce que j'ai fait de mal, qu'est ce que l'ai pu faire pour déplaire à notre Dieu, Béni soit-il. Qu'est ce que mes parents ont pu faire, pour que moi je sois comme puni? Et pourtant le prophète Ezéchiel avait dit que la faute des parents ne serait plus reportée sur les enfants.

Je suis là, dehors, je sais que le Temple est illuminé, et comme nous sommes en hiver, j'ai froid, je suis seul, je suis triste.

Comme je suis aveugle, mes autres sens sont très développés. Et je sais reconnaître le pas des personnes qui passent, je sens quand ils ralentissent pour me donner une piécette, et je connais le son des voix.

Il faut aussi dire que je ne suis pas comme Tobit, qui avait une membrane sur les yeux qui l'empêchait de voir; moi, je sais que j'ai un regard: je veux dire que mes yeux sont là, mais que la pupille ne bouge pas, et que mon regard est fixe; et c'est comme cela depuis toujours, puisque je suis aveugle de naissance: mais quand on me regarde, on ne comprend pas toujours pourquoi je suis assis là, avec ma sébile.

Et voilà que je me rends compte que quelqu'un est en train de ralentir son pas: peut-être qu'il va s'arrêter et me donner une petite pièce. Souvent, avec ce que je reçois, je demande à mes parents de mettre un peu d'argent pour moi dans la salle du trésor, mais pour cela, il faut que je reçoive beaucoup de petites pièces.

Ce quelqu'un, il n'est pas tout seul. J'entends des hommes qui l'appellent Rabbi, et qui lui demandent si ma cécité est la conséquence du péché. J'avais entendu parler d'un Jésus, qui est considéré par beaucoup comme un Rabbi; et qui a fait des choses étonnantes comme de guérir un paralytique. Peut-être que c'est lui, peut-être qu'il va me guérir. Mais ouvrir les yeux d'un aveugle-né cela ne s'est jamais fait.

Là je peux dire que je suis attentif à ce qu'il va répondre. Et sa réponse dépasse toutes mes espérances; il dit que ni moi ni mes parents nous n'avons péché, mais que ma cécité est là pour que se manifeste la Gloire de Dieu. Bon ça je ne comprends pas. Puis il ajoute qu'il est la lumière du monde. Et moi je sais qu'en ce moment le Temple est tout illuminé et j'avais tellement envie de voir cette lumière dans la nuit, dans ma nuit.

Le pas s'est arrêté, je suis dans l'attente. Je ne sais pas ce qu'il fait, mais il ne me donne rien, il ne dit rien. J'entends le bruit de quelqu'un qui crache. Qu'est ce qu'il fabrique. Et j'ai une sensation bizarre, il me touche les paupières, et sur les paupières il applique quelque chose, cela me fait penser à de la boue, et la boue c'est ce qui a servi au Tout Puissant à créer notre père Adam. Et voilà qu'il me dit d'aller me laver à la piscine de Siloé.

Là j'entends à nouveau le son de sa voix. Mais qui est-il cet homme qui me demande de faire quelque chose?

Alors je me suis levé, et je suis parti.

Très vite quelqu'un est venu m'aider, parce que marcher dans la foule ce n'est pas aisé, et que Siloé ce n'est pas si près. Et il y avait cette boue qui séchait, qui craquelait, un peu comme si elle était en train de cuire. Nous sommes arrivés à la fontaine de Gihon, cette fontaine alimentée par la source, et je me suis lavé les yeux. Et elle coulait sur mon visage cette boue, et j'ai trempé mon visage dans la fontaine et quand je me suis frotté les yeux, j'ai vu! Oui j'ai vu! J'étais devenu un voyant, je voyais l'eau qui coulait, les traces de boue sur mes mains, et le ciel, et les arbres, et le soleil! Tout cela m'était donné! Et cet homme qui m'avait guéri, ce Jésus, qu'est ce que j'aurais donné pour le retrouver!

Seulement ma guérison n'est pas passée inaperçue... Surtout que c'était un jour de Sabbat, et que normalement c'est le jour du repos, du grand repos; et que l'on ne doit rien faire. Déjà moi, en lui obéissant, j'avais peut-être fait un trop grand nombre de pas, mais bon il m'avait dit d'aller me laver, et à la voix de cette homme, voix à la fois pleine de douceur et pleine d'autorité, on ne résiste pas.

Et ensuite, ça a été un véritable interrogatoire. D'abord il y a eu mes voisins, qui n'arrivaient pas à croire que c'était moi. Alors je leur ai dit que celui qu'on appelle Jésus m'avait mis de la boue sur les yeux (mais je n'ai pas parlé de la douceur de son geste), et qu'il m'avait dit d'aller à Siloé, de me laver, et que j'avais retrouvé la vue. Ensuite il y a eu les pharisiens qui étaient là pour la fête; et au lieu de se réjouir, ils refusaient de croire. Parce que réaliser une guérison le jour du Sabbat c'est mal, c'est un péché et que donc, à la limite, je faisais semblant. Vraiment des aveugles, ces hommes qui disent qu'ils connaissent la Loi. Ils m'ont demandé ce que moi je pensais de lui, et j'ai répondu que c'était un prophète et pour moi, il était le prophète annoncé par Moïse: celui qui sera plus grand que lui.

Et après, ils ont convoqué mes parents, ils étaient sûrs que je jouais la comédie, que j'avais été payé par Jésus pour faire croire à un miracle. Vraiment la nuque raide ces hommes. Et mes parents ont juste dit que j'étais leur fils, que j'étais né aveugle, que maintenant je voyais, mais qu'ils n'avaient pas vu ce qui s'était passé; et qu'ils n'avaient qu'à me poser des questions. Je me rendais bien compte qu'ils avaient peur. Déjà avoir un fils aveugle, c'était la preuve d'une malédiction; et maintenant que j'étais guéri, ils allaient devenir des exclus à cause de moi. Ils ont juste dit que eux ils ne savaient pas; que j'étais leur fils; et que les questions il fallait me les poser à moi.

Je dois dire que pendant ce temps là, moi j'avais envie de le voir ce Jésus. Et en même temps je découvrais la splendeur du temple, je découvrais ces couleurs des arbres, des fleurs, je voyais les oiseaux dans le ciel, j'étais dans la joie de voir: ces mots que je connaissais devenaient vivants.

Et j'ai dû me rendre à une nouvelle convocation. Du coup je les ai bien regardés tous ces hommes qui se prenaient pour des juges, et ils n'étaient pas beaux. Je voyais en eux la méfiance, la méchanceté, la haine. Ils ont alors affirmé que l'homme qui m'avait guéri était un pécheur (ce qui m'a fait sourire dedans, parce que pour eux, moi qui avais été un aveugle, j'étais un grand pécheur pour avoir une pareille punition). Je n'ai pas rendu gloire à Dieu, je leur ai simplement dit que tout ce que je savais, c'est que pécheur ou pas, avant de le rencontrer je ne voyais pas et que désormais je voyais.

Une fois de plus ils m'ont demandé de raconter comment ça s'était passé, et là ça m'a énervé. Je ne leur ai pas répondu, mais pour les énerver (je savais ce que je faisais), je leur ai demandé s'ils voulaient devenir ses disciples. Puis, ils sont partis dans leurs raisonnements habituels: eux ils savent que cet homme, dont on ne sait pas d'où il sort, est un pécheur. Mais moi je leur ai rétorqué que le Très Haut n'exauce pas les pécheurs, et que donc il était de Dieu. Alors là, ça n'a pas traîné, ils m'ont exclu de la synagogue. Je dire que maintenant que je peux entrer dans le Temple, ça ne fait ni chaud ni froid.

Ce qui s'était passé s'est répandu dans Jérusalem comme une trainée de poudre. Et Jésus a appris qu'ils m'avaient jeté dehors. Je crois qu'il pensait que cela m'ennuyait et c'est lui qui est parti à ma recherche.

Et cela m'a profondément ému. J'étais un mendiant, je ne demandais rien sauf de l'argent, et lui que je ne connaissais pas, il m'a recréé, il m'a donné la vue, il m'a ouvert les yeux. Et de lui-même il m'a retrouvé. Il m'a demandé si je croyais au Fils de l'homme, et je sais que le Fils de l'homme, c'est celui est le sauveur de l'humanité. Et en moi, se sont ouverts les yeux du cœur. J'ai vu en lui bien plus que l'homme qui m'avait guéri, j'ai vu en lui celui qui devait venir, celui qui doit être le sauveur et je me suis prosterné devant lui, parce qu'il n'y avait que ça à faire.

Il a alors dit une phrase qui était un peu comme une sentence de sagesse, un peu comme si Salomon parlait par sa bouche; et cette phrase chante encore en moi. Il a dit qu'il est venu dans ce monde pour que ceux qui ne voient pas puissent voir, et que ceux qui voient deviennent aveugles.

Moi je ne voyais pas, j'ai vu; et surtout j'ai reconnu en lui ce Tout Autre que mon cœur cherche depuis toujours, dans ce qui fut mon monde de ténèbres. Mais eux, ces pharisiens qui m'ont exclu, ils sont bien en train de devenir aveugles, de refuser de voir l'évidence: que cet homme est la lumière du monde.

Il a eu une phrase très dure pour eux, il leur a dit que s'ils étaient aveugles (mais dans quel sens, aveugle du cœur, aveugle des yeux), ils ne seraient pas englués par le péché; mais que parce qu'ils sont incapables de reconnaître cette obscurité qui demeure en tout homme, obscurité dont le Christ nous délivrera, alors ils restent dans la boue de leur péché. Ils croient voir, mais ils ne voient qu'eux-mêmes. Et je dois dire que cela m'a rempli d'une infinie tristesse. Comment ces hommes qui sont pétris par la Torah, qui essaient de la lire jour et nuit, peuvent-ils ne pas voir que celui-là est bien, comme il le dit, le Fils de l'Homme. Je ne peux que louer le Très Haut de m'avoir ouvert les yeux car désormais je le suivrai."

———

La résurrection de Lazare. "Déliez-le, et laissez-le aller" Jn 11, 44

C'est le chapitre 11 de l'évangile de Jean, le retour de Lazare à la vie.

Quand on suit l'organisation de ce récit, qui se passe d'abord à Béthanie, puis sur les bords du Jourdain, ensuite à l'entrée de Béthanie et enfin devant le tombeau de Lazare, on ne peut qu'être étonné par la sobriété très forte de ce qui se passe quand le mort revient à la vie. Déjà les résurrections de la fille de Jaïre, et du jeune homme mort à Naïm, n'avaient pas fait grand bruit; mais là, redonner la vie au bout de quatre jours, c'est quand même autre chose; et cela se passe si je puis dire sans tambours ni trompettes! Dans Don Giovanni, la scène du commandeur ça fait du bruit... Et là, rien!

Or, si on se représente la scène, c'est quand même du grand théâtre: voir un homme sortir de son tombeau, vêtu de son costume de mort, avec un linge sur le visage, les pieds et mains attachés - ce qui n'a pas dû rendre la sortie facile, et enveloppé dans son linceul, cela a quand même de quoi faire hurler de terreur.

Certes un silence enveloppera la résurrection de Jésus, mais voir ce mort surgir comme un fantôme, ce n'est pas rien.

J'ai laissé la parole à Marthe, la "maîtresse" comme le dit son prénom, pour raconter ce qu'elle a vécu durant ces jours là.

Marthe raconte

Nous n'habitons pas loin de Jérusalem, ce qui permet de s'y rendre facilement pour les fêtes et d'avoir des amis de la "grande ville" qui viennent souvent chez nous. Notre maison est toujours ouverte. Nous sommes trois, et quand Jésus s'est arrêté chez nous, nous avons compris que cet homme-là est l'envoyé, je veux dire qu'il est celui qui est rempli de la présence de l'Esprit. En cet homme nous avons une infinie confiance.

Alors quand notre frère Lazare est tombé malade, nous le lui avons fait savoir, parce que nous étions sûres, ma sœur et moi, qu'il pourrait le guérir. Mais il n'est pas venu. Et je n'ai pas compris.

Et mon frère bien aimé est mort. Il est dans le royaume des morts. Pourtant un jour Jésus a dit que ceux qui croyaient en lui ne mourraient jamais. Peut-être qu'il parlait de la vie après la mort, je ne sais pas, mais mon frère est bien mort, et il est dans le tombeau qui est près de chez nous; et moi je suis seule avec mon chagrin, même si je ne le montre pas parce qu'il y a plein de choses à faire.

Quelques jours ont passé; ma peine est grande, mais je l'exprime moins que ma sœur Marie, qui reste comme prostrée à la maison. Heureusement qu'elle n'est pas seule; des amis sont là autour d'elle. Ils l'entourent comme ils peuvent et ils la forcent à manger.

Finalement, moi, je préfère rester seule. Et puis je guette, parce que je suis sûre que Jésus va bien finir par arriver.

Peut-être qu'il n'a pas pu venir parce que revenir en Judée est dangereux pour lui.

Je me sens un peu comme Tobit qui attend le retour de son fils. Moi j'attends la venue de Jésus; maintenant c'est trop tard pour une guérison, mais j'ai tellement besoin de sentir sa force et sa présence; cela me consolera bien plus que tous ces amis qui pleurent avec ma sœur.

Ce matin, sans savoir pourquoi, je sentais qu'il allait arriver, et je suis même sortie pour aller sur la route à sa rencontre. Je me sentais un peu comme la fiancée du Cantique des Cantiques, qui guette les pas de son Bien-Aimé. Et il était bien là, avec ses disciples.

Je les connais bien maintenant ses amis qui partagent tous les moments de sa vie, et qui doivent certainement trembler pour lui. Et le voilà qui est là.

Et je ne peux pas m'empêcher de lui reprocher de ne pas avoir été là; de sortir ce reproche qui me brûle les lèvres; je lui dis que s'il avait été là, mon frère ne serait pas mort, car de cela je suis certaine. Il me regarde, avec ce regard profond, ce regard si présent, et il affirme que mon frère reviendra à la vie. Bon, ça je le sais, ce n'est pas nouveau. Et là il me demande si je crois qu'il est, lui, la résurrection; alors là, j'ai du mal... et je ne réponds pas. Il ajoute que celui qui croit en lui, même s'il meurt, vivra (il n'a pas dit ne mourra pas, donc c'est autre chose); et il ajoute que quiconque vit et croit en lui ne mourra jamais.

Il y a juste ce "en lui" qui me parle, sauf que je ne sais pas trop pourquoi, je veux dire que je ne sais pas expliquer. Et je m'entends lui répondre qu'il est l'envoyé, celui qui a reçu l'onction, le fils de Dieu qui vient dans le monde. Alors il me regarde avec une grande douceur, comme si j'avais dit tout haut ce qu'il souhaitait que je dise: qu'il y a tellement de vie en lui, que cette vie, il peut la donner, la redonner..

Je suis allée chercher ma sœur. Pour éviter que tout le monde se précipite sur Jésus, je lui ai dit à l'oreille que le Seigneur la demandait. Elle est sortie de sa prostration, s'est levée, et s'est mise en route; déjà une petite résurrection si je puis dire. L'ennui, c'est que les autres qui étaient la salle avec elle ont suivi. Mais elle a fait comme s'ils n'existaient plus. Elle s'est approchée de Jésus, et lui a fait le même reproche que moi, parce que s'il était arrivé plus tôt, notre frère ne serait pas dans le tombeau et il aurait moins souffert. Jésus n'a rien dit, il ne s'est pas justifié.

J'ai su, bien après, qu'il voulait que Lazare soit mort, et qu'il avait attendu; et que les disciples ne comprenaient pas trop. Qu'il leur avait donné une explication étonnante qu'ils n'avaient pas compris; il voulait que quelque chose se passe pour eux, pour leur foi. Et qu'ils s'étaient mis en route, mais pas trop rassurés, à cause du comportement des pharisiens de Jérusalem à son égard.

Nous sommes partis vers le tombeau. Tout le monde pleurait, c'était affreux. Je regardais Jésus, et j'avais l'impression que ça tremblait doucement en lui, qu'il ne maîtrisait pas ce tremblement, ni une sorte de trouble. Il avait mal, il semblait avoir peur.

Nous sommes arrivés au tombeau. Il nous a demandé d'enlever la pierre; alors là, j'ai réagi, parce que l'odeur allait être épouvantable. Mais on l'a fait, car il a dit que nous allions voir la Gloire de Dieu. Voir la gloire de Dieu dans un cadavre, je veux bien, mais quand même.

Et il s'est mis à prier. Et quand il prie, cela je l'ai déjà vu, il est là et il n'est pas là. Il est avec Celui qu'il nomme son Père. Et il a prié à haute voix en bénissant son Père, en le remerciant de l'écouter, de l'écouter toujours et lui permettre de Le révéler, Lui le Très Haut, à ceux qui sont là. Et il le remerciait, parce qu'il allait accomplir quelque chose qui ferait que tous pourraient croire qu'il est l'envoyé.

Il s'est tourné vers l'ouverture du tombeau, et il a dit d'une voix forte, très forte, je dirais une voix à réveiller un mort, un mort qui se trouve loin, très loin de nous les vivants: "Lazare, sors!". On l'a regardé avec des yeux ronds, on n'en croyait pas nos oreilles. Et mon frère est sorti, il s'est courbé pour passer l'ouverture et il s'est mis debout dans la lumière. Et Jésus a dit de le délier et de le laisser aller. Je me suis demandé si la silhouette que je voyais n'était pas un fantôme, mais je me suis précipitée, j'ai touché, et c'était bien lui, pas un esprit. J'ai enlevé tout ce qui l'entravait et il est rentré à la maison, juste avec le drap. J'aurais voulu qu'il prenne un bain, mais il n'a pas voulu. Il est resté dans le jardin, il est resté sous les palmiers, un bon bout de temps, comme s'il fallait qu'il réapprenne à respirer, à sentir, à vivre.

Je dois dire que la stupeur, même la terreur, était présente. Qui est-il celui là, qui redonne la vie à un mort?

J'ai bien vu que parmi nos amis, certains ne demandaient pas leur reste et retournaient à Jérusalem, certainement pour raconter ce qui venait de se passer, parce que ramener à la vie quelqu'un qui est mort depuis quatre jours, cela ne s'est jamais vu en Israël. Et j'ai bien peur que ce geste soit son arrêt de mort.

Oui, j'ai vraiment peur. La vie de mon frère, la mort de Jésus.

Mais je dois m'occuper de préparer un repas pour lui et ses disciples, et pour que tous comprennent que Lazare est vivant, bien vivant.

———

Le lavement des pieds et le dernier repas. "Jésus se lève de table, dépose son vêtement, prend un linge.." Jn 13,4

Nous avons lu en groupe le chapitre 13 de l'évangile de Jean, qui est le récit du dernier repas de Jésus avant la Passion, récit très différent de ce que l'on trouve dans les évangiles synoptiques.

Au moment de travailler ce texte, pour expliquer la structure et le sens de ce chapitre, j'ai ressenti une énorme difficulté à faire un "travail" que j'appellerais un peu scientifique, et un peu théologique.

Que cette difficulté vienne de la narration, c'est plus que possible, c'est le style de Jean. Mais ce que j'ai pu lire par ailleurs sur ce chapitre complique encore plus. Dire que le lavement des pieds est une manière pour Jésus de mimer sa mort et sa résurrection, objectivement j'ai du mal.

La réaction de Pierre, quelque part je la comprends; surtout que Jésus insiste bien sur le fait qu'il est Maître (et pas rabbin, mais Maître, comme Dieu est maitre de l'univers) et Seigneur: donc qu'il est présence de Dieu aujourd'hui sur cette terre et que laver les pieds, c'est vraiment un travail d'esclave. Dans le livre de la Genèse, quand "les trois visiteurs" arrivent au chêne de Mambré, Abram fait apporter de l'eau; mais personne ne se propose pour leur laver les pieds..

Quant à Judas, cela reste toujours compliqué. Qu'est ce qui s'est passé dans cet homme, compagnon de la première heure, pour qu'il trahisse? On ne trahit pas sans raison: amour, pouvoir, argent … ?

Et puis, il y a le disciple que Jésus aimait, qui apparaît ici pour la première fois.

Et la demande explicite de Jésus de nous aimer les uns les autres comme lui l'a fait, c'est-à-dire en allant jusqu'au bout de la volonté de son Père. Car c'est ainsi que Lui a rendu Gloire, et que nous nous pourrons humblement le faire, ce n'est pas si simple.

Alors j'ai pensé à des regards croisés sur ce repas, sur ce dernier repas, sur ce geste, comme pour en faire surgir quelque chose de nouveau, et j'ai laissé parler ces hommes, Judas, Pierre, Jésus et le disciple que Jésus aimait, chacun à sa manière, chacun avec sa sensibilité, mais aussi avec son histoire.

Judas raconte

Je ne sais plus ce que je dois croire, je ne sais plus ce que je dois faire. Jésus, il a été mon maitre, il m'a appelé dès le début. Il m'a demandé de gérer les finances, alors qu'il aurait dû le demander à Matthieu. C'est loin d'être facile, et souvent on m'a regardé de travers. On m'a même accusé d'en mettre dans ma poche comme les publicains. Et cela, jamais je ne l'ai fait. Ils peuvent penser ce qu'ils veulent, ça m'est bien égal.

Quand nous avons été au repas organisé après le retour de Lazare à la vie, il y a eu ce geste stupide de Marie. Elle a versé du parfum sur les pieds de Jésus. Ce parfum, si elle nous l'avait donné, on aurait pu en tirer un bon prix.. Mais lui, il s'est laissé faire. Et ça je n'ai pas compris. C'est comme s'il était devenu une femme, avec ce parfum. Un homme parfumé, vous vous rendez compte?

Mais qu'est-ce qu'il devient, celui dont je pensais qu'il allait prendre le pouvoir, et renverser ces prêtres à la solde des Romains. Mon nom est Judas; des Judas célèbres, comme Judas Maccabée ou Judas le Galiléen[1], il y en a. Et moi, je veux être célèbre comme eux. Au lieu de ça, Jésus, il parle de mourir, il parle de se laisser faire. Et je ne comprends pas et je veux partir, et le faire partir. Peut-être que je pourrais prendre sa place, et ne pas échouer comme lui. Enfin je me posais des questions jusqu'à ce soir. Parce que ce soir, ça a été la goutte d'eau qui fait déborder le vase.

On est tout près de la Pâque, et il a voulu faire un repas. Encore trouver l'argent. Bon, passons. Mais voilà que pendant le repas, il se lève, il pose son manteau, il prend un linge, un grand drap blanc qui me fait penser un peu à un

---

[1] "Judas le Galiléen", "Judas le Gaulanite" ou "Judas de Gamala", personnage souvent identifié à Judas fils d'Ézéchias, est un chef révolutionnaire qui dirigea une révolte en Judée au moment où celle-ci devint une province romaine, en l'an 6. Associé à un pharisien nommé Sadoq, il s'oppose alors par la violence au recensement fiscal effectué par Quirinius. Il serait le fondateur d'un mouvement que Flavius Josèphe désigne sous le nom de "Quatrième philosophie" et qu'il rend responsable de la destruction du Temple de Jérusalem. Il est souvent identifié à Judas fils d'Ézéchias qui dirigea une révolte en Galilée au moment de la succession d'Hérode le Grand (mort en 4 av. J.-C.).

linceul, il le met autour des reins, et là, il m'a fait pensé à ce que Moïse avait prescrit: vous mangerez l'agneau en grande hâte, les sandales aux pieds, le bâton à la main. Un peu comme si quelque chose de la Pâque se rejouait. Il a versé de l'eau dans une bassin et s'est mis à nous laver les pieds. Nous laver les pieds comme le fait un esclave!

Non ce n'est pas le Maître que j'avais choisi de suivre. Bien sûr, il a dit que c'était lui qui nous avait choisis, mais moi, je sais que si je l'ai choisi, si j'ai supporté beaucoup, c'est pour que mon pays redevienne Israël, le pays donné par Dieu à notre père Abraham, pas une province romaine. Quand il est arrivé à moi, j'ai eu l'impression qu'il passait beaucoup de temps à laver mes pieds, pourtant mes pieds ne sont pas si sales. Il me regardait, mais moi, je ne voulais pas le regarder; j'étais en colère contre lui. Avec Pierre, ça a été encore autre chose, parce que lui, il ne voulait pas que Jésus fasse ça. Une fois de plus, Jésus l'a remis à sa place, il lui a dit qu'il ne comprendrait que plus tard, comme si on allait pouvoir comprendre une telle absurdité; qu'il fallait qu'il se laisse faire, pour avoir part avec lui. Qu'est ce que ça veut dire ça? Bref, au fond de moi, j'étais en colère.

Ensuite, il a enfoncé le clou, en disant que ce geste là, ce geste de se mettre aux pieds de l'autre, il fallait le refaire entre nous. Je sais bien que souvent on se demande qui est le plus grand entre nous, et que plus d'une fois il nous a dit que le plus grand devait se faire le plus petit, mais là.. Je trouve que ça dépasse les bornes. Et le repas a repris, mais la colère grondait en moi. Je ne comprends pas ce qu'il cherche.

J'ai vraiment l'impression qu'il veut mourir, tout abandonner; et en plus il dit que c'est son Père qui lui demande ça. S'il nous aimait, s'il nous aimait vraiment, il ne ferait pas ça.

Et voilà que d'un coup, il dit que l'un d'entre nous va le trahir. On s'est tous regardés, moi j'avais du mal à masquer ma colère. J'ai vu Pierre qui demandait quelque chose à un des disciples qui était tout proche de Jésus; je ne sais pas ce qu'ils se sont dit, mais la colère a explosé en moi, je me sentais exclu...

Curieusement Jésus m'a donné une bouchée de pain trempée dans la sauce, je sais que c'est un geste de partage, mais ça m'a mis encore plus en colère; je me sentais comme un petit enfant à qui on donne la becquée, alors que je suis un homme moi, un vrai homme. Et c'est à ce moment que ces pensées qui étaient en moi ont pris forme: je vais aller dire aux prêtres que je sais où le trouver, comme cela il sera arrêté et nous pourrons repartir à la conquête du pouvoir. Je ne sais plus si c'est bien ou mal, mais je crois que c'est ce que je dois faire. Et à ce moment là, il m'a dit: "Ce que tu as à faire, fais le vite", et je suis sorti. Il faisait nuit, comme il fait nuit dans mon cœur.

Pierre raconte

Encore un repas, avant le repas pour célébrer la Pâque, mais j'ai un pressentiment, ce repas d'aujourd'hui, est ce que ça ne serait pas son dernier repas? Et puis le repas chez Lazare, il m'est resté sur l'estomac. Parce que Jésus a parlé de son enterrement, donc de sa mort, et moi, ça je ne veux pas, sauf que je sais que rien ne peut le détourner du chemin que celui qu'il appelle son Père lui a demandé de prendre.

On n'était pas très joyeux à dire vrai. Un peu comme un repas d'adieux. Et voilà que d'un coup il se lève, il dépose son vêtement, et moi j'ai pensé à ce jour où il avait dit qu'il déposait sa vie pour ses brebis, et ça m'a fait peur. Ensuite il a pris un linge qu'il a noué à sa ceinture, et moi j'avais l'impression qu'il était ceint comme on doit l'être quand on mange l'agneau pascal, sauf que l'agneau n'est pas là, sauf si c'est lui...

Puis il a mis de l'eau dans un bassin et il s'est mis à nous laver les pieds. Il dénouait nos sandales, il prenait nos pieds dans ses mains, il les touchait, il les regardait, il prenait soin de nous, comme notre mère autrefois, et moi, de le voir à genoux comme ça, c'était insupportable. Il est celui que je reconnais comme mon Seigneur et comme mon Maître: le voir faire ce travail d'esclave, je ne veux pas, je ne peux pas. Alors, quand il est arrivé à moi, j'ai dit non.

Mais là, il m'a regardé comme il sait le faire, avec ce regard qui fait chavirer (et moi un pêcheur, chavirer je sais ce ça veut dire), et il m'a dit que s'il ne me lavait pas les pieds, je n'aurais pas de part avec lui. Je pense qu'il veut dire que si je n'accepte pas, il me mettra dehors. Alors j'ai eu de la peine, et je lui ai demandé de me laver certes les pieds, mais aussi mes mains qui sont tellement maladroites et ma tête qui est si dure.

Il a dit que les pieds ça suffisait, que je ne pouvais pas comprendre maintenant, que tous nous avions pris un bain, que les pieds c'était suffisant. En soi, il a raison, mais je ne comprends pas bien. Il a dit qu'on était pur, propres, mais pas tous. Il veut dire quoi?

Puis il a dit que ce geste là, on devrait le refaire entre nous. Que si lui l'avait fait, ce n'était pas pour rien. C'était nécessaire. Il avait repris son vêtement à ce moment là, et pour moi, j'ai eu l'impression qu'il était redevenu plein de puissance. Comme s'il l'avait perdue avant, sa puissance. Je ne sais pas expliquer.

Et surtout il nous a dit qu'il nous ordonnait de faire cela entre nous, faire comme lui il avait fait. Et le repas a continué. Il m'a semblé que quelque chose se passait, qu'il était troublé, inquiet, et voilà qu'il dit que l'un de nous va le trahir. On sait bien que sa tête est mise à prix, on a même entendu dire que la tête de Lazare l'est aussi; mais que nous on le trahisse, ce n'est pas pensable. Et pourtant...

J'ai demandé à Jean, ce disciple qui est souvent avec nous, qu'il demande, lui, à Jésus, qui ce serait, et voilà que Jésus donne une bouchée à Judas et que celui-ci sort. Mais ce n'est pas possible. Il a dû se tromper Jésus.

Puis le repas a continué, mais ce n'était plus pareil. Quand Judas est sorti, il y a eu comme du froid qui est entré dans la salle. Et Jésus s'est mis à parler, à nous parler à nous. Il nous a appelé ses petits enfants. C'était nouveau. Il nous a dit qu'il nous donnait un commandement nouveau, nous aimer les uns les autres, comme lui nous avait aimé. C'est la première fois qu'il emploie ce mot, enfin qu'il l'emploie vraiment. Nous aimer comme lui nous aime, ça veut dire quoi? Il n'y a pas longtemps, il avait dit que le berger donne sa vie pour ses brebis, alors est-ce de ça dont il parle?

Il a dit que ce serait à cet amour - qui n'est pas un amour banal, enfin je dis ça, parce que je ne sais pas le dire autrement - que nous serions reconnus comme ses disciples. Je pense qu'il parle de ce qui va advenir quand lui ne sera plus avec nous, mais je ne voulais pas y penser. Seulement il a dit que là où il allait nous ne pouvons pas venir. C'est la troisième fois qu'il le dit.

Comme je suis un peu fanfaron, j'ai rétorqué que moi je donnerais ma vie pour lui, et que je resterais avec lui. Il m'a regardé et m'a dit qu'avant que le coq ne chante, je l'aurai renié trois fois. Et là, je n'ai pas su quoi répondre.

Jésus raconte

Il y a eu Cana, il y a eu ces repas au bord du lac où j'ai multiplié le pain, il y a eu ce repas à Béthanie où j'ai laissé faire Marie quand elle a oint mes pieds en vue de ma sépulture; et ce soir il y a ce repas, qui est le dernier que je vais partager avec eux. Ensuite, ce sera ma mort, et encore plus tard, ma vie dans la plénitude avec mon père. Mais ce soir, c'est le dernier repas. Ils sont tous là, et ils ne comprennent pas. Je voudrais tant que le Paraclet soit sur eux, pour qu'ils comprennent, mais ce sera pour après.

Ce soir, je vais leur donner un commandement nouveau, même si ce commandement est déjà dans le livre du Lévitique au chapitre 19. Je voudrais qu'ils comprennent qu'être mes disciples, c'est être dans l'amour; c'est être prêt à donner sa vie pour que les autres vivent. Qu'ils n'ont pas à choisir qui doit ou ne doit pas être aimé. Est ce qu'ils aimeront Judas quand il aura accompli ce qui est prévu pour lui? Car je sais que Judas va me trahir, parce qu'il ne supporte pas que je ne réponde pas à ses attentes, que je ne le rende pas glorieux comme ce Judas Maccabée qu'il admire tant; mais je vais à lui aussi laver les pieds, comme aux autres. Il faut qu'ils comprennent que ce geste là est fondamental.

Ils aiment tellement savoir qui est le premier, qui est le plus grand, qu'en refaisant ce geste ils comprendront que se mettre aux pieds de l'autre, le soigner, le regarder, être avec lui sans vouloir faire autre chose que le respecter et peut-être même me voir en lui, c'est cela la marque du disciple; la marque de ceux qui m'aiment et qui un jour donneront leur vie pour que ma parole donne la vie au monde.

Et puis, en faisant ce service, en ôtant mon vêtement et en ayant juste ce linge noué autour de ma taille, c'est un peu comme si je leur disais que dans quelques heures je serai ainsi, allongé nu sur une croix, puis allongé dans mon tombeau; que je vais tout perdre. Que, comme le dit le prophète Isaïe, je serai l'agneau qui se laisse conduire à l'abattoir; je n'ouvrirai pas la bouche.

En faisant cela, c'est un peu comme si je leur faisais, comme autrefois Josué, traverser les eaux du Jourdain; ou comme Moïse les eaux de la mer. Passer par l'eau, être baptisé dans la mort, en sortir lavé, en sortir purifié. Comprendront-ils?

Mais là, j'ai encore beaucoup de choses à leur dire, sauf qu'ils ne vont pas le retenir.

Comme je pouvais m'y attendre, Pierre a fait sa forte tête. Alors j'ai insisté et il a laissé faire; mais je sais qu'il n'a pas compris. Un jour il comprendra, quand le Paraclet sera venu sur eux. Mais pour cela il faut que moi je parte, et même si je le sais, même si j'attends ce moment, le trouble en moi est grand. Comment leur faire comprendre qu'il n'y a pas de plus grand amour que de donner sa vie pour ceux que l'on aime.

Je les aime. Mon Père, je l'aime, et mon Père m'aime: cet amour là, cet amour qui nous relie l'un à l'autre, je veux le leur donner. Mais le don passe par ma mort; et j'ai peur, parce que je suis un être de chair et de sang. Le chemin est là devant moi, et ils ne vont pas comprendre. Un jour, un jour très proche, ils comprendront que je suis l'agneau qui se donne pour que la vie soit en eux, qu'elle soit en abondance, et qu'ils soient libérés du mauvais.

Le disciple que Jésus aimait raconte

Quand j'ai rencontré Jésus la première fois, c'était sur les bords du Jourdain. Jean le Baptiseur a dit de lui qu'il était l'agneau de Dieu, qui portait, 'enlevait" le péché du monde, ce péché qui fait que souvent Dieu nous rejette, nous humilie, nous fait comprendre que malgré les sacrifices dans le temple nous ne savons pas aimer. Il a dit "l'agneau de Dieu", comme si celui-là, comme l'agneau mangé juste avant de sortir d'Egypte, serait pour nous libération, libération du mal, libération des ténèbres, passage vers la lumière. Mais aujourd'hui, il me semble que les jours, les heures lui sont comptés.

Quand Marie, la sœur de Lazare, a versé sur ses pieds ce parfum de grand prix, j'ai bien vu que Judas tremblait de rage. Il a dit qu'au lieu de faire ça, il aurait mieux valu donner l'argent aux pauvres. Au fond de nous, on pensait un peu la même chose.

La Pâque est proche, toute proche, demain les agneaux seront immolés.

On avait commencé à partager le repas, et le voilà qui se lève, qui se dévêt presque entièrement, on l'a regardé comme s'il était un peu fou; qui prend un linge et le noue à sa ceinture, moi je pensais à la Pâque, à manger les reins ceints, les sandales aux pieds.

Il prend un bassin. Il y verse de l'eau claire. Le bassin est a demi rempli. Il se plie devant moi, il se met à genoux devant moi, et il me lave les pieds. Il prend son temps, tout son temps. Et moi j'aurais voulu que ça dure, l'eau qui s'écoule sur mes pieds, qui les lave, qui les purifie, parce que c'est cela que je ressentais, comme si toute la saleté accumulée s'en allait. Et c'était son cadeau à lui, pour moi et pour nous tous. Lui, le Seigneur, il nous donnait ça.

Ensuite il a lavé les pieds de Judas, les pieds de Thomas, les pieds de Philippe et il est arrivé à Pierre. Il a fallu que Pierre, une fois de plus, soit celui qui a la nuque raide; enfin je le comprends quand même, parce que le Maître, en faisant cela, prend la place de l'esclave. Mais en ne se laissant pas faire, il n'a pas pu ressentir que ce lavement est purification. Alors Jésus lui a dit que s'il ne se laissait pas faire, il serait comme exclu, comme mis dehors. Pierre naturellement a forcé la dose: pas les pieds mais aussi les mains et la tête! Sacré Pierre.

Ensuite Jésus a continué, puis il a remis ses vêtements et le repas a repris. Et il nous a demandé quelque chose d'étonnant: de faire entre nous ce geste qu'il venait de faire. Eh bien ça ne sera pas facile du tout.. En même temps, nous mettre comme cela devant un frère, devenir son serviteur, ne pas être plus grand que lui, le reconnaître plus grand que moi, je pense que cela va empêcher bien des disputes pour savoir qui est le plus grand.

À un moment, ensuite, il a eu son sourire crispé, son sourire qui dit que ça va mal; et il a dit que l'un d'entre nous allait le trahir. Moi, je sais bien qui ça sera, mais je ne le dis pas. Pierre m' a fait signe de demander à Jésus qui allait le trahir. Alors Jésus a pris un peu de pain, ce bon pain, l'a trempé dans la sauce et l'a donné à Judas, qui n'a pas compris, qui n'a pas aimé et qui est sorti pour faire ce qu'il devait faire. Que va-t-il faire? Je m'en doute un peu, mais quel malheur que d'être le traître.. Comment pourrais-je me mettre à ses pieds et lui laver les pieds s'il revient parmi nous?

Et le repas s'est achevé, dans une certaine tristesse.

———

Du lavement des pieds au discours après la Cène. Jn 13-14

Les chapitres 13 et 14 forment un tout; et le chapitre 14 se termine par "Levons nous, partons d'ici".

En relisant ces chapitres, et surtout le 14, j'ai été surprise par les mots qui se répètent, ainsi que par la place de celui que Jésus appelle son Père, et le lien qui est entre eux. J'ai eu envie de laisser venir en moi les mots, pour dire autrement ce temps qui précède l'arrestation.

Celui qui parle, dans le récit ci-dessous, n'a pas de nom. Il peut-être le disciple bien-aimé, qui est censé nous représenter tous. Mais il peut-être n'importe lequel de ceux qui étaient là ce soir là, et qui ont vécu l'angoisse, la peur, la déception, le doute, l'incompréhension aussi; et qui mettront du temps pour se remettre du traumatisme généré par la mort de leur Maître, qui auront besoin de la présence de ce "Défenseur", de ce "Consolateur", pour aimer à leur tour comme cela leur a été demandé.

Quelqu'un raconte

Ce fut un repas pas comme les autres. Imaginez que, d'un coup, alors qu'on était en plein milieu du repas, Jésus, comme si une mouche l'avait piqué, a enlevé son manteau, cherché un tissu qu'il a passé dans sa ceinture, et versé de l'eau dans un bassin; un petit bassin, pas trop grand, pas trop lourd. On se demandait bien ce qu'il allait faire. Eh bien là, il nous a surpris, renversés, étonnés. Il a mis un genou sur le sol, et il s'est met à laver les pieds de Jean, son ami de toujours. Et là, on s'est tous regardé sans comprendre, parce que ce qu'il a fait là, c'est un travail d'esclave.

Quand on reçoit quelqu'un chez soi pour un repas, on lui présente, quand il entre, une cuve pour qu'il puisse en se lavant les mains se purifier, laisser dans l'eau ce qui vient du dehors; mais les pieds, c'est rare... Et il a fait cela pour chacun de nous. On n'osait rien dire, sauf Pierre qui comme d'habitude a fait son cinéma. Il s'est levé, il a dit à Jésus qu'il ne voulait pas que lui, le maître, lui lave les pieds. Mais Jésus lui a répondu que s'il ne lui lavait pas les pieds, il n'aurait pas de place avec lui dans le royaume. Je ne sais pas s'il a compris, Pierre, mais moi, pas trop bien. Pierre a dit: "Alors ne me lave pas que les pieds, mais aussi la tête". Et là, Jésus a eu une phrase sibylline: "Celui qui a pris un bain est pur, il n'a pas besoin de se laver"; et il a ajouté qu'il y en avait un qui n'était pas pur.

Il dit souvent que sa parole nous purifie. Et même si je ne comprends pas trop, je comprends quand même. Alors peut-être qu'il a voulu dire que ses paroles n'atteignaient plus le cœur d'un d'entre nous. Puis il a remis son manteau, et il nous a dit que ce qu'il venait de faire, il faudrait que nous le fassions par la suite les uns aux autres.

Souvent, on s'était disputé pour savoir qui serait le chef après lui. Et là, il nous a fait comprendre que celui qui veut être le chef doit être capable de s'agenouiller devant ses frères, de leur laver les pieds; de leur faire du bien en quelque sorte, et non pas d'ordonner.

Puis, je ne sais pas trop pourquoi, Judas est sorti, et le repas s'est terminé. Et il nous a dit que quelque chose allait se passer, il a dit que son Père allait être glorifié en Lui, et que Lui serait glorifié par son Père.

Quand il parle de gloire, moi, je pense à l'Exode, au Seigneur qui se manifeste sur le Sinaï, mais ça ne doit pas être ça, parce qu'il a toujours refusé de faire des signes où le ciel parlerait. Je crois qu'il veut dire que quelque chose que nous ne connaissons pas va se révéler au monde.

Et tout de suite après, il a dit qu'il nous donnait un commandement nouveau. Alors on a dressé l'oreille. Et ce commandement, c'était de nous aimer les uns les autres. Bon, ça on peut entendre, même si ce n'est pas facile. Il y a eu un petit silence, et il a ajouté: "Comme je vous ai aimés, aimez vous les uns les autres". Alors ça c'est autre chose, parce que lui, quand il nous regarde, on se sent aimé de fond en comble, et nous, nous ne savons pas faire cela pour les autres. Il a insisté sur cette manière d'aimer. Et comme je me souviens qu'il a dit aussi qu'il était le berger, et que le berger donnait sa vie pour ses brebis, je pense que ce qu'il nous dit, c'est que nous devons être capables de donner notre vie par amour, pour nos frères. Ouille...

Puis, comme il avait dit qu'il ne resterait plus avec nous et qu'il allait partir, Pierre lui a demandé où il allait. Jésus a répondu qu'un jour il le suivrait, mais que c'était pour plus tard, et qu'il en était bien incapable pour le moment; tellement incapable qu'il allait le renier. Alors là, ça a encore jeté un sacré froid.

La nuit était tombée, c'était un nouveau jour qui allait commencer; un jour que je ne sentais pas bien, un jour qui me faisait un peu peur. Et puis ce jour, c'est celui où dans le temple on immole les agneaux, pour le repas qui fait mémoire de notre délivrance d'Egypte.

Il s'est remis à parler.

Il s'était bien rendu compte que nous étions inquiets, que nous ne nous sentions pas bien. Alors il a voulu nous rassurer, en nous disant que dans la maison de son Père (c'est comme cela que Lui, il appelle le Dieu de notre peuple) il allait nous préparer une place, et que nous connaissons le chemin. Et aussi qu'il va revenir, et ça on ne comprend pas. Le brave Thomas s'est risqué à poser une question que nous nous posions tous. Il a dit que nous, on ne savait pas où il avait l'intention de se rendre, donc que nous ne pouvions pas connaître la route. A quoi Jésus a répondu que pour aller vers le Père - ce qui prouve que c'est là où il va aller, donc qu'il va mourir - il fallait passer par lui. Il a dit qu'il était le chemin, la vérité et la vie; eh bien, désolé, mais ce n'est pas clair du tout. Et qu'il faut écouter ce qu'il enseigne, le pratiquer, et que cela fera des nous des vivants. Enfin c'est ce que j'ai cru comprendre.

Du coup, comme il parle beaucoup du Père, Philippe a posé la question qui nous brûle aussi les lèvres; enfin il l'a posée un peu différemment. Il lui demandé qu'il nous montre le Père. Sauf que Dieu, personne ne l'a jamais vu. On peut voir ses manifestations, mais lui, même s'il est dans le buisson ardent, on ne le voit pas. Et là, et j'ai eu vraiment l'impression que Jésus était plus que déçu, il nous a dit que quand on le voyait lui, quand on le regardait, on voyait au fond de lui quelqu'un d'autre et que ce que nous percevions, c'était le Père. Et il l'a expliqué un peu, mais c'est trop difficile; il a dit qu'il est dans le Père, et que le Père est en lui; que tout ce qu'il fait, tout ce qu'il dit, c'est comme si le Père le lui soufflait. Et que lui, il obéit toujours, parce que c'est cela qui le rend heureux, qui le met dans la joie. Il a même ajouté qu'un jour, mais ça j'ai du mal à le croire, nous ferions nous aussi des choses magnifiques; et que si nous demandons quelque chose en son nom, il demandera au Père de nous exaucer.

Et puis il a eu une phrase un peu étonnante, peut-être la plus étonnante; il a dit que quand il sera parti (et ça ça me fend le cœur), il nous donnera un autre défenseur, qui sera avec nous pour toujours. Un défenseur.. Qu'est ce qu'il veut dire? Et c'est vrai que les grands-prêtres, certains pharisiens, lui en veulent, ils nous en veulent. Alors on aurait avec nous une présence qui nous aiderait? Là c'est vraiment un rayon d'espoir, parce que ce soir, moi l'espoir je ne le sens pas.

Il a continué, en disant qu'il n'allait pas nous abandonner, et que si nous continuons à l'aimer, nous serons aimés par son Père et par lui, et que lui se manifestera. Se manifester, mais comment quelqu'un qui est mort peut-il se manifester? Alors Jude le lui a demandé. Je crois qu'il voulait savoir si ce serait une manifestation énorme, ou juste pour nous, plus intime.

Jésus a répondu sans répondre, sauf qu'il a reparlé de l'Esprit Saint, qu'il appelle le Défenseur. Et cela me fait du bien, parce que sans que je puisse le dire, je sens comme si le Malin rôdait, comme s'il était à l'affut, et comme s'il allait nous tomber dessus et emporter notre maitre dans ses griffes. Il a même ajouté que ce Défenseur serait comme une mémoire, que grâce à lui, on ne pourrait pas oublier tout ce que Jésus nous a dit.

Comme il se rendait compte que nous étions de plus en plus troublés, il nous a dit qu'il nous laissait sa Paix, qu'il nous donnait sa Paix. C'est vrai que quand on le voit, lui, on sent que malgré tout ce qu'il vit ou subit, il y a en lui une sorte de stabilité, qui permet que jamais l'union entre lui et son Père ne soit rompue. Alors nous laisser cela, s'il doit partir, quel cadeau. Mais pourquoi doit-il partir? Pourquoi? Je ne comprends pas vraiment.

Il a alors parlé du Prince de ce monde, et ça confirmait bien ce que je ressentais.

On s'est levé pour aller ailleurs. Et au fond de moi, ça tremblait très fort. En même temps ça chantait, à la fois de tristesse et de joie, d'allégresse même. Parce que ce qui était prévu de toute éternité allait advenir; et que nous les hommes, avec nos limites, nous allions être entraînés avec lui dans une autre vie, la vraie vie, même s'il fallait que Jésus passe par la mort.

———

Jean va au tombeau le matin de la résurrection. "Il vit et il crut". Jn 20,8

L'évangile proposé pour le 27 décembre, fête de Saint jean Apôtre et évangéliste, est le début du chapitre 20. Mais le verset proposé comme verset 2 est, de fait, un mixte des deux premiers versets, ce qui m'énerve un peu. Le verset 1 dit que Marie-Madeleine voit que la pierre a été enlevée, et le verset 2 qu'elle annonce à Pierre et à Jean que le corps a été enlevé, ce qui montre sa panique. Un corps sans sépulture, c'est l'horreur. Et pourtant il n'y a que ce signe de la pierre enlevée.

On sait aussi qu'elle s'est levée très tôt, avant le lever du soleil, heure où on ne voit pas grand chose. D'ailleurs si Jean note que ce sont les ténèbres, ce n'est pas pour rien. On peut être aussi dans les ténèbres quand le deuil vous tombe dessus, quand le désespoir vous assaille... Psychologiquement, elle est sûrement au fond du trou, Marie de Magdala; et du coup elle ne voit que le négatif.

Elle voit simplement que la pierre a été enlevée. Ici le texte ne dit pas roulée, mais enlevée. Et pour elle, c'est la panique. Un corps, ça ne bouge pas, ça reste où on l'a posé, un peu comme un bébé que l'on dépose dans son berceau et qui ne peut pas se sauver. Elle était venue pour tout mettre en ordre, pour le faire beau, le corps de celui qu'elle aime, et ce corps a sûrement été volé, jeté quelque part. C'est la panique; c'est l'équivalent d'un rapt, on lui a volé son bébé. Il était dans son berceau (tombeau), il ne pouvait bouger, d'autant qu'il était lié par les bandelettes. Et outre ce corps perdu, il y a aussi la perte totale de la maîtrise (on venait pour s'occuper de lui, et là on est désemparé): nous ne savons pas où on l'a déposé.

Il est plus que possible que ce tombeau dans ce jardin, il a été pris au hasard, même si Matthieu, lui, dit que c'est celui de Joseph d'Arimathie. Du coup, on peut penser que les propriétaires sont venus: ils ont enlevé ce corps qui n'est pas à eux, ils l'ont mis ailleurs, mais où? Et là, il est perdu. C'est comme si elle revivait, elle, l'épisode de Jésus perdu et retrouvé au Temple. Il devrait être quelque part, on sait où; et voilà qu'il fausse compagnie, et on le perd, on ne peut plus mettre la main sur lui. Mais qui serait venu en pleine nuit, dans ce drôle de jardin rempli de tombes, pendant la fête de la Pâque, pour visiter un tombeau neuf? Trop invraisemblable; n'empêche que sa peur est bien réelle: on l'a enlevé.

Et pourtant, est-ce que Jésus (j'utilise une traduction ancienne de Jn 10,17-18) n'a pas dit que sa vie "il la déposerait", parce qu'il a "le pouvoir de la déposer et de la reprendre"? Et n'est ce pas ce qui se dévoile là? Mais les yeux ne sont pas ouverts. Il faudra le son de la voix de l'Aimé pour que les yeux s'ouvrent.

Alors pour le moment, elle court, elle court pour alerter les deux qu'elle considère peut-être comme des piliers. Et eux aussi se mettent à courir, pour dire que la vie reprend.

Tout se centre alors sur les deux hommes, qui viennent, pour voir si Jésus demeure encore dans ce lieu. Et on a l'impression que la course vers ce lieu répond à ce qui s'est passé autrefois sur les bords du Jourdain quand deux disciples de Jean demandent à Jésus où il habite, et que ce dernier leur répond simplement: "Venez et voyez". Là, ils viennent et ils vont voir...

Ils voient qu'il y a des linges, mais que lui, oui, il n'y est plus. Il est certainement dans cette "demeure" dont il leur a tant parlé et où il doit leur préparer une place. Du moins c'est ce que Jean pourra croire dans un premier temps, avant de croire pleinement en la résurrection.

C'est un peu ce cheminement que j'ai voulu rendre en écrivant ce texte.

Le disciple que Jésus aimait raconte

Les deux jours qui viennent de se passer ont été les pires de ma vie. Dans la nuit qui précédait la Pâque, il a a été arrêté, il a été battu, il a été interrogé, il a été condamné à cette mort d'esclave, cette mort sur la croix. Dans l'après-midi, au moment où les agneaux étaient immolés dans le Temple, il a rendu l'Esprit. Il m'a confié sa mère. Je l'ai prise chez moi. Pierre aussi est venu. Il faut dire que Pierre, il n'est vraiment pas bien; il pleure, pleure. Et il y a de quoi. Simplement chez moi, il est en sécurité. Il faut dire que blesser le serviteur du grand-prêtre n'était pas très malin, mais c'est Pierre... Et faire ensuite par trois fois comme s'il n'avait jamais vu le Maître de toute sa vie, il fallait le faire. Mais qui suis-je pour le juger, moi qui ai mes entrées un peu partout dans Jérusalem?

Tout ça pour dire qu'on a du mal à dormir. Et quand Marie de Magdala est venue toquer à notre porte, avant même que les dernières étoiles ne soient parties, je me suis demandé ce qui se passait. Elle nous a dit qu'on avait enlevé le corps... enlevé le corps! En fait, quand elle est arrivée au tombeau, elle a vu que la pierre qui bloquait l'entrée avait été enlevée, et elle a eu peur. Peur que les propriétaires légitimes du tombeau soient venus, aient enlevé la pierre et le corps, et aient jeté le corps quelque part dans le jardin, et qu'il pourrait être la proie des oiseaux et des chiens errants. Alors on est parti le plus vite possible, en ne disant rien à Marie, la mère de Jésus; ce n'est pas la peine de rajouter à sa douleur.

Quand nous sommes arrivés près du jardin qui jouxte le Golgotha, l'impatience nous a saisis et nous nous sommes mis à courir. Il valait mieux ne pas courir dans Jérusalem à cause des soldats romains qui sont toujours soupçonneux. Mais en dehors de la ville c'est plus facile, même si ça grimpe. Je suis arrivé un peu avant Pierre. J'ai bien vu que la pierre avait été enlevée; je me suis penché et j'ai vu sur le sol les linges: bien pliés, comme s'ils n'avaient pas servi. Et comme Pierre est arrivé, un peu essoufflé, juste après, je l'ai laissé entrer. On ne peut pas dire qu'on voie grand chose, mais il a vu, comme moi je l'ai vu ensuite: le linceul et les bandelettes, pliés, sur le sol; et le suaire sur la pierre qui avait supporté son corps, à la place de la tête. J'ai vu cela.

Ça ne sentait pas la mort dans ce tombeau, ça ne sentait pas les aromates, ça ne sentait pas la nuit, ça sentait lui, ça sentait lui, vivant. Mais ça c'est ce que moi j'ai senti. Et j'ai cru. J'ai compris qu'il n'avait pas été enlevé, qu'il n'avait pas été volé; qu'il était ailleurs, qu'il était dans la vie de son Père, comme il l'avait dit.

Nous sommes rentrés, Pierre perplexe, ne sachant que penser. Moi, rempli d'une sorte de joie. Marie nous accueillis. Elle ne pleurait plus, elle semblait heureuse; mais elle ne nous a rien dit. Je me demande si elle n'a pas vu son fils, mais pour le moment, je ne pose pas de questions.

S'il veut se manifester, il le fera. Je sais qu'un jour il a dit que personne ne lui volait sa vie, ni son corps! Que sa vie, il la donnait, mais qu'il avait le pouvoir de la reprendre. Et je crois que c'est ce qui s'est passé.

―――

Thomas l'incrédule. Thomas lui dit: "Mon Seigneur et mon Dieu" Jn 20,28

Fête de l'apôtre Thomas. L'évangile retenu est de Saint Jean, ce qui est normal, car cet apôtre y apparaît plusieurs fois, avec toujours ce commentaire de Jean: "Thomas appelé Didyme c'est-à-dire Jumeau".

On sait qu'un des procédés stylistiques de cet évangéliste est d'utiliser des personnages de l'environnement de Jésus pour poser des questions, qui sont de fait les questions que les croyants pouvaient se poser au moment de la fin du premier siècle. Alors on peut bien se dire que Thomas est notre jumeau. Il a besoin de toucher pour croire, et pas seulement de voir. Jésus entend cela, et y répond: "Mets ton doigt et avance ta main". Toucher, qui de nous n'en rêve pas...

Mais cette insistance sur le mot jumeau est quand même surprenante, car *en araméen Thomas veut dire jumeau!* On peut penser que le rédacteur a traduit l'araméen en grec: "didyme", et que le grec est retraduit dans la langue courante: jumeau. Mais pourquoi cette insistance de l'écrivain?

Et si on cherche ce qu'il en est des écrits de l'apôtre Thomas, puisqu'il y a de nombreux textes qui lui sont attribués, dont "l'évangile de Thomas" qui est un recueil de paroles de Jésus, on apprend que ce texte, qui est considéré comme un apocryphe, est attribué à "Judas ou Jude Thomas" ou à "Didymos Jude Thomas".

Quand on parle de Pierre dans l'évangile de Matthieu, au moment où Jésus envoie ses disciples en mission, il est écrit: "Simon nommé Pierre"; nous y mettons une majuscule, mais il s'agit plus d'une qualité donnée par Jésus à cet homme: le roc, la pierre. Et il ne perd pas son prénom pour autant. Par contre Thomas reste Thomas, c'est ce nom qu'il porte; et si on y réfléchit ce n'est pas simple: venir au monde sans avoir de prénom autre que celui de "jumeau", donc une fonction, n'est pas bon. Si Thomas avait été un vrai jumeau, il aurait porté un prénom, comme c'est le cas des jumeaux portés par Rebecca (Esaü et Jacob, Gn 25), ou par Tamar: Perets (la brèche) et Zerah (Gn 38).

Mais on sait que, du temps de Jésus, quand un bébé mourait en très bas âge, celui qui naissait ensuite pouvait prendre la place de l'enfant mort, il était considéré comme son jumeau; c'était sa fonction et donc son prénom, puisque le prénom est souvent porteur de sens. Alors peut-être que celui qui se nomme - ou qui est nommé - Thomas, a eu pour fonction de remplacer un bébé mort avant lui: comme pour lui donner une existence, pour que ce petit bébé mort n'erre pas dans le Shéol.

Seulement, avoir ce rôle, c'est quand même plus que compliqué: car il faut prendre la place d'un enfant merveilleux, imaginaire; combler le trou laissé par sa mort, combler. Et à ce jeu-là, on peut ne plus savoir qui on est. De nos jours, on parle des enfants médicaments, ces enfants qui viennent au monde pour pouvoir donner leur moelle osseuse, ou une autre partie d'eux-mêmes; et ces enfants-là, qui sont un peu comme des enfants-objet, ont bien du mal à se sentir exister pour eux-mêmes et à être aimés pour eux-mêmes.

Alors peut-être qu'on peut faire l'hypothèse que cet homme, ce Jude-Thomas-Didyme, en suivant Jésus, a enfin eu une existence pour lui; et c'est peut-être cela qui lui a donné le courage d'entraîner les autres pour suivre Jésus malgré le danger au moment de la mort de Lazare: "Allons-y, tous aussi, pour mourir avec lui," (Jn 11,16) dira-t-il;. Et aussi de dire tout haut ce que lui et les autres ne pouvaient pas comprendre: "Seigneur, comment pourrions-nous te suivre, si nous n'en savons pas le chemin". Et peut-être que la réponse de Jésus, pour un homme qui a dû jouer le rôle de double, mais aussi d'être l'enfant magique pour une mère endeuillée, lui a permis de comprendre qu'il était libre de suivre cet homme qu'il appelle Seigneur, et qui dit être "le chemin, la vérité et la vie."

Malgré cela, pour la postérité, Thomas est l'incrédule, comme Pierre est le renégat et Judas le traître. Je ne peux m'empêcher de penser qu'être traité d'incrédule a dû être difficile à entendre pour Thomas, apôtre fidèle depuis le début.

Incrédule. Voilà ce qu'on retient de lui. En fait ici, ce dont Jésus parle, ce n'est pas de la crédulité, qui renvoie à croire sans passer au crible au de la raison; mais c'est de la foi: croire, avoir foi dans ce que transmet l'autre ou les autres. Et cela pose la question de la confiance. Pourquoi Thomas n'a-t-il pas cru ce que lui racontaient ses frères? Peut-être simplement parce que le traumatisme de la mort de son maître était trop fort, avec le deuil qui aurait juste pu commencer à se faire. Ce n'est pas qu'il ne voulait pas, mais il ne pouvait pas. Et même si c'est exprimé maladroitement, c'est quand même de cela qu'il s'agit. Et en cela, parfois nous sommes bien les jumeaux de Thomas. Et pourtant pour tout quitter et suivre Jésus, il en fallait de la foi. Alors Thomas raconte.

Thomas raconte

Ils m'ont demandé d'aller en ville pour rapporter des provisions. Il faut dire que depuis que Jésus est mort, nous vivons dans la peur, peur que les Romains ne nous cherchent et ne nous fassent subir le même sort qu'à lui; peur aussi des dirigeants de notre peuple. Alors nous restons dans cette salle où il a rompu le pain et partagé la coupe, nous nous terrons. Nous avons peur. La porte est verrouillée et on a un mot de passe pour rentrer quand on doit sortir.. Mais il faut bien trouver à manger et aussi savoir un peu ce qui se dit dehors.

Quand je suis revenu, ils m'ont dit que le Maître était venu. Là, j'ai eu l'impression qu'ils voulaient me faire une blague. Mais ils étaient sérieux, sauf que moi, je ne peux pas croire ça. Je l'ai vu mort. Je l'ai vu sur cette croix, j'ai vu sa tête qui était retombée. Je n'ai pas vu le coup de lance du soldat romain, mais je sais que son côté a été ouvert profondément et qu'il est bien mort. Il n'est pas descendu de sa croix, il est mort sur la croix. Et cela m'a anéanti. Quelque chose est mort en moi, avec lui. Et pourtant je sais qu'il est le chemin, la vérité et la vie. La vie.. Il me l'a dit et je le crois, mais ressuscité je n'y arrive pas.

Pourtant, par trois fois, il avait dit, qu'il reprendrait vie quand il aurait été mis à mort, mais bon, j'y ai cru sans y croire. Il disait qu'il ressusciterait d'entre les morts. Il a bien rendu la vie à des morts, que ce soit la fille de Jaïre, le jeune homme de Naïm, ou Lazare. Mais lui, qui peut le ramener à la vie? Seul celui qu'il appelle son Père pourrait le faire. Mais jamais cela n'est arrivé. Certes Elie a été enlevé sur un char de feu. Mais lui, il est mort sur cette croix.

Et là, eux ils racontent qu'il était au milieu d'eux, qu'il n'avait plus de marques de coups sur son visage, qu'il était souriant, qu'il avait mangé avec eux, qu'il leur avait donné ce qu'il appelle son Esprit, et même le pouvoir de pardonner les péchés. Est-ce que ne pas croire c'est un péché? Est ce qu'ils vont me pardonner?

Alors, d'un côté, je suis un peu jaloux, parce que si j'avais été là, je pourrais croire; mais voilà, je n'y arrive pas. Je ne les crois pas, ils ont inventé une belle histoire pour se rassurer, mais ce n'est pas possible. Ils ont eu une vision, une hallucination, cela leur a fait du bien. Mais pourtant...

J'ai affirmé que si je ne mettais pas mon doigt dans le trou fait par les clous, que si je ne posais pas la main dans le trou fait par la lance dans son côté, je ne le croirais pas.

Pourtant je crois que cet homme, qui m'a permis, à moi que l'on appelle "Jumeau" parce que j'ai remplacé un bébé qui est mort à la naissance pour le faire vivre quand-même, d'avoir enfin une identité, je crois que cet homme là, il est le Messie, il est l'envoyé, il est un prophète, il est la parole, il est la lumière. Mais que les forces méchantes ont été plus fortes que lui et qu'il est mort.

Et puis une semaine a passé. En fait c'était comme l'anniversaire du jour où d'après les autres il leur était apparu. Il faut dire que des femmes aussi l'avaient vu et entendu, ainsi que deux disciples qui rentraient chez eux, le désespoir dans l'âme. Alors au fond de moi, je crois que j'attendais quelque chose.

Et ce quelque chose est advenu. On était ensemble, une fois de plus, la porte bien fermée. On ne pouvait pas la forcer cette porte. On était à table et d'un coup, il était là. C'était incroyable. Il était là pour de vrai. Mais il n'était plus comme avant. Il était, comment puis-je dire moins massif, plus fin, plus… Mais comment décrire.

Et il m'a regardé et il a repris mes mots en me montrant les trous laissés par les clous et la lance. Il m'a dit de cesser d'être incrédule et de devenir croyant. Quelque part, cela m'a fait mal cet "incrédule". Devenir croyant, qu'est ce qu'il voulait dire?

Et j'ai regardé ses mains et son côté, et il n'y avait plus de sang, il n'y avait pas de peau; c'était comme un puits de lumière où quelque chose était vivant, mais les trous étaient bien là. Alors bien sûr, je n'ai pas touché… Et j'ai été pris dans cette lumière qui avait vaincu les ténèbres et la mort. Lui qui m'avait dit qu'il était le chemin, la vérité et la vie, là je comprenais ce qu'il avait voulu dire. Et ma bouche a proclamé qu'il était, et mon Seigneur, et mon Dieu. Quand *j'ai dit cela, je proclamais qu'il était le Seigneur, et que sa divinité était visible: ce qu'on appelle la gloire.*

Et là, parce que j'étais comme transporté devant lui, qui était bien revenu à la vie comme il l'avait annoncé, parce que j'étais dans la joie, je m'attendais à le voir sourire.

Mais non. Il n'a pas souri. Il m'a dit: "Parce que tu as vu, tu as cru. Heureux sont ceux qui croient sans avoir vu". À moi qui voulais croire, qui aurai aimé croire, et qui n'y arrivais pas, il a bien voulu se montrer, me montrer qu'il avait entendu ma demande et qu'il y avait répondu. Et cela, cette réponse, c'est le plus beau cadeau qu'il pouvait me faire; et je suis sûr que quand on demande, il répond. Et ce qu'il a ajouté, cette nouvelle béatitude, pour ceux qui croiraient sans avoir vu, je crois que cela a été le déclic pour moi.

J'ai su, au de fond de moi, que ce que j'ai vu ce jour là, ce premier jour de la semaine qui finalement est un peu comme ma vraie naissance, je le raconterais au monde entier. Je ne resterai pas en Israël ou dans les pays proches, non. J'irai dans des pays inconnus, et grâce à ma parole, d'autres croiront en celui qui est venu pour nous les hommes. Je serai son témoin. Et pour cela, j'irai au bout du monde; et tout ce que j'ai entendu, je le transmettrai.

———

Après le repas au bord du lac. "Simon, fils de Jean, m'aimes-tu?" Jean 21,17

Ce texte est proposé entre l'Ascension et la Pentecôte (Jn 21,15-20). Je pensais avoir écrit encore et encore sur ces versets. Mais là, un autre lien s'est fait, un lien avec la multiplication des pains, le discours dans la synagogue de Capharnaüm et l'abandon vécu par Jésus ce jour là (Jn 6).

Alors, pas de lien avec ce qui s'est passé dans la cour du grand-prêtre (le triple reniement auprès d'un feu de braises), mais plus avec cet autre passé. En arrière plan une phrase du Cantique - "L'amour est plus fort que la mort", parce que je crois que c'est cela que Pierre a vécu.

Pierre raconte

Jésus vient de me dire qu'un jour, quelqu'un me passerait ma ceinture et m'emmènerait là où je n'aurais pas envie d'aller... Puis, comme autrefois sur les bords du lac, il m'a dit de le suivre.

Alors, en moi est revenu ce qui s'était passé dans la synagogue de Capharnaüm, après qu'il ait donné, sur les bords du lac, du pain et du poisson à plus de 5000 hommes. C'était il y a longtemps; j'ai même l'impression que cela fait une éternité, parce que tellement de choses sont arrivées depuis.

C'était après qu'il ait donné à manger à une grande foule, puis qu'il nous ait laissés tous seuls sur le lac, qu'il soit venu nous rejoindre en marchant sur les vagues déchainées, et qu'il ait parlé de lui en disant que pour avoir la vie éternelle, c'était son corps qu'il fallait manger, et son sang qu'il fallait boire.

Inutile de dire que cela avait fait des vagues; et que ceux qui étaient, jusque là, d'accord avec ses enseignements, étaient partis en haussant les épaules. Il nous avait alors demandé à nous, ses proches, si on allait l'abandonner nous aussi. Et là, en moi une phrase s'était formée, une phrase que j'ai presque criée; une phrase qui disait: "Seigneur, à qui irions nous, c'est toi qui a les paroles de la vie éternelle". Et la vie avait continué.

Et voilà qu'aujourd'hui, il nous attendait au bord du lac. Il nous avait prouvé qu'il était redevenu vivant et qu'il était bien, comme je l'avais proclamé, le Saint de Dieu Mais malgré tout, rester à Jérusalem était dangereux, et on ne savait pas que faire. Au fond de moi, je me disais que certes il m'avait dit qu'il ferait de moi un pêcheur d'hommes, mais être pêcheur de poisson, c'était peut-être plus facile. Je me disais que finalement, si on parlait de lui aux autres, il continuerait à vivre en nous. Et malgré tout, quelque chose était comme fini; on se sentait abandonnés. Alors se retrouver entre amis, c'était bon.

On avait passé la nuit à pêcher, et rien. Et puis quelqu'un nous a dit de jeter le filet, et le filet s'est rempli. Et c'était un peu comme la multiplication des pains et des poissons. Et là, Jean a compris que cet homme qui nous avait interpellé, c'était notre Joshua. Je vous passe les détails, mais on a mangé de son poisson qui était en train de cuire, avec son pain à lui et notre poisson à nous. Le temps était bon. Un peu le paradis...

Je me sentais comme la fiancée du Cantique des Cantiques, quand elle a trouvé celui que son cœur aime: là, on l'avait vraiment trouvé, retrouvé.

Et d'un coup, voilà qu'il me pose une question. Il me demande si je l'aime vraiment, si je l'aime plus que ceux qui sont là avec nous; je ne savais pas trop que lui dire. Oui je l'aime vraiment, oui je l'aime plus que mes amis de toujours, mais ce n'est pas facile de dire à quelqu'un qu'on l'aime. Lui, il l'a beaucoup dit ce mot là, je dirais même qu'il a conjugué ce verbe dans tous les sens; que ce mot il l'a employé, encore et encore. Il nous a laissé ce qu'il appelle son commandement, "nous aimer les uns les autres comme lui nous a aimés"; mais moi, j'ai un peu de mal avec ça. Je suis un pêcheur et je ne sais pas trop exprimer mes sentiments. Alors j'ai juste dit, oui, je t'aime. A lui de comprendre ce que je mets en dessous. Et il m'a dit que je serai le berger de ses agneaux. Non plus pêcheur; berger comme lui, qui avait dit qu'il était le berger et qu'il veillerait à ce que les brebis de son troupeau puissent entrer et sortir librement.

Et voilà qu'il me demande encore si je l'aime vraiment. Vraiment, pour de vrai.. Bien sur que je l'aime pour de vrai. Après tout, j'ai bien dit que je donnerais ma vie pour lui, et j'ai tranché l'oreille du serviteur du Grand-Prêtre (ce que je n'aurais jamais dû faire, parce que même si Jésus lui a rendu son oreille, moi, j'étais dans un sacré pétrin). Et là, je lui ai dit *qu'il savait bien que je l'aimais, même si je ne sais pas bien le montrer. Et il m'a dit que je serai le pasteur de ses brebis. Pasteur, je me vois avec un bâton, et le troupeau qui me suit. C'est réconfortant. Et là j'étais heureux.*

Mais il n'en n'est pas resté là.. Il me l'a encore demandé, si moi, Simon fils de Jean, je l'aimais. Cette fois-ci, c'était aimer tout court. Pas de "vraiment", pas de comparaison. Et là, ça m'a fait mal et je ne sais pas dire pourquoi. J'en avais les larmes aux yeux; j'ai presque eu du mal à lui répondre, que lui qui sait tout (et là je reconnais bien, en Lui, la présence de Celui qui l'habite, son Père qui sait tout), il le sait bien que je l'aime, même si je ne sais pas aimer comme lui il aime. Et là il m'a redit pour la troisième fois que je vais être le berger de ses brebis. Et je me doute bien qu'être le berger, cela veut dire qu'un jour je donnerai ma vie pour le troupeau, comme lui l'a fait. Et ça me fait un peu peur.

Pourtant, quelque chose s'était passé en moi. Bien sûr j'aurais aimé qu'il m'appelle par mon autre nom, le nom qu'il avait choisi pour moi, celui de Pierre. Mais c'est comme ça. Et au fond de moi, j'avais bien retrouvé celui que mon cœur aime, celui que mon cœur aime plus que mes amis, celui que mon cœur aime finalement plus que ma propre vie. Sauf que je sais que ma vie, si elle doit m'être enlevée à cause de son nom, ce ne sera pas moi qui déciderai de quoique ce soit. Adieu la fanfaronnade.

Et c'est là où je crois qu'il a lu quelque chose en moi; parce qu'il a parlé d'un futur, d'un futur où je serai vieux, d'un futur peut-être pas si lointain, où je ne serai plus le maître de la situation, pouvant me conduire moi-même. Mais je sais bien que jour là, que ce jour où j'aurai apparemment tout perdu, c'est lui qui me mettra ma ceinture, c'est qui qui me prendra par la main; et c'est lui qui me prendra dans ce lieu où Il nous a préparé une place.

―――

Après le repas au bord du lac. "Si je veux qu'il demeure jusqu'à ce que je vienne, que t'importe." Jn 21,22

Finale de l'évangile de Jean, lue aujourd'hui, veille de la Pentecôte. Quand j'entends le verset: "SI je veux qu'il demeure jusqu'à ce que je vienne, que t'importe" automatiquement je pense au Cid et au "que m'importe" du Comte Gomès. En fait je trouve que Jésus ferme le caquet de Pierre, d'une belle manière.

Mais il y a aussi ce "retournement" de Pierre, qui pour moi, même si c'est de la curiosité de la part de Pierre, évoque le "retournement" de Marie de Magdala au tombeau de Jésus. Pierre se retourne, se détourne, et découvre la présence d'un autre; et on ne sait pas trop comment il vit cela. Mais il ne peut s'empêcher de parler, de poser une question, qui laisse à penser qu'il n'a pas compris grand-chose de ce que Jésus a annoncé de son futur. Sacré Pierre! Mais comme je le comprends.

Car je crois que ce que dit le rédacteur, c'est que Pierre est le berger, et qu'il est appelé comme Jésus à donner sa vie. Jean, qui semble ne pas vouloir perdre une miette de ce qui se passe entre Jésus et Pierre, sera un autre témoin, qui permettra à ces autres brebis, qui cherchent et qui attendent, de trouver ce Jésus, qui est le chemin, la vérité et la vie.

Alors, comment raconter cette "finale"? Peut-être en laissant la parole à Jean.

Jean, le disciple que Jésus aime, raconte.

On avait bien mangé; on était bien sur le bord du Lac. Et puis Jésus, par trois fois, avait questionné Simon, enfin Pierre, pour savoir si ce dernier l'aimait plus que nous; s'il l'aimait plus que tout, bref s'il l'aimait... C'était un peu curieux cette insistance, mais trois fois, c'est important. Et puis il lui avait fait une sorte de prédiction pour le futur, mais je dois dire que je n'ai pas compris. Par contre, quand il lui a dit de le suivre, ça, c'était clair. Et ils sont partis.

Pourquoi est-ce que je les ai suivis, je ne sais pas. Peut-être que je voulais entendre encore le son de la voix de Jésus, parce que je sais bien qu'il va disparaître, puisque c'est cela qui lui permettra de nous envoyer en plénitude celui qu'il appelle le Défenseur, le Consolateur, l'Avocat, l'Esprit d'Amour.

Pierre a dû entendre mon pas, et il s'est retourné. Il m'a vu et il s'est tourné vers Jésus, pour savoir quel serait mon avenir à moi. C'est là que j'ai pensé à mon amie Marie qui s'était retournée, et à sa joie quand elle a compris que celui qu'elle prenait pour le jardinier c'était son Rabbi à elle.

Pourquoi ai-je pensé à cela, je ne le sais pas, mais qu'est ce que Pierre voulait savoir en se retournant?

Il a donc demandé à Jésus ce qui allait m'arriver. Je pense qu'il n'avait pas compris ce qui allait lui arriver à lui, quand *les années auraient passé. Mais à Jésus, la question n'a pas plu... Il lui a cloué le bec en disant: "**Si je veux qu'il demeure jusqu'à ce que je vienne, que t'importe**". Du coup, Pierre m'a regardé, et a suivi Jésus; et une fois de plus Jésus a disparu; nous a laissés.*

Mais moi, du coup, j'ai compris ce qu'il attendait de moi.

Je ne sais pas si je verrai son retour, mais je sais que j'ai à transmettre ce que j'ai vu et entendu. Que j'ai à parler de celui que j'ai touché. Je sais que je dois aider les brebis, dont Pierre a la charge, à comprendre le dessein du Père et son amour pour nous. Je sais que dois permettre à d'autres brebis de rejoindre les brebis de la première heure, et leur annoncer que Jésus est venu dans le monde, dans notre monde, pour nous faire passer des ténèbres à la lumière; qu'il est le chemin, la vérité et la vie; et qu'il nous a donné en plénitude son Esprit, pour que tous nous soyons ses frères, quel que soit le chemin qu'il a prévu pour nous.

Un jour j'écrirai tout cela, et j'aurai besoin de la présence de cet Esprit pour comprendre ce que nous avons vécu, et aussi pour l'exprimer et le transmettre.

―――

LIVRE DES ACTES

La Pentecôte. "Tous furent remplis d'Esprit Saint". Ac 2,4

Chaque année, quand arrive le récit de ce qui se passe dans la chambre haute où sont réunis les apôtres et quelques femmes dont Marie, je ne peux m'empêcher de faire un lien avec ce que rapporte le Livre des rois au chapitre 19, à savoir la rencontre d'Elie avec son Dieu sur le Mont Horeb, après avoir marché quarante jours et quarante nuits.

Il est, lui aussi, si l'on peut dire, dans une chambre haute (au sommet de la montagne), et j'ai toujours pensé que la caverne où il passe la nuit n'est autre que ce creux dans le rocher où le Seigneur a posé Moïse alors que Lui-même passait et parlait: passage du Seigneur, Pâque du Seigneur (Ex 33, 22).

Mais c'est surtout ce qui se passe sur l'Horeb, au niveau du déchaînement des éléments, qui évoque ce qui se passe à Jérusalem le matin de la Pentecôte. Pour mémoire, il est question *"d'un ouragan qui fend les montagnes et brise les rochers, puis d'un tremblement de terre, puis d'un feu"*, puis *"du murmure d'une brise légère"*. La brise légère, cela peut évoquer aussi le Seigneur qui va rencontrer Adam dans le jardin; ou peut-être ce souffle du livre de la Genèse, qui planait sur les eaux.

Et si l'on compare avec ce qui est décrit dans le deuxième chapitre livre des Actes, on trouve aussi ce vent qui fait tout trembler et ce feu qui tombe sous forme de langues de feu; mais alors que dans le livre des Rois le Seigneur s'adresse à

Elie, ce qui se passe à Jérusalem est tout autre, puisque tous ceux qui sont dehors entendent proclamer les merveilles de Dieu dans leur langue originaire.

Le tremblement de terre n'est pas présent ici, mais on le retrouvera par la suite, dans les manifestations de l'Esprit Saint qui émaillent le livre des Actes des Apôtres.

Il y a juste ces deux formes qui symbolisent l'Esprit Saint: ce vent qui fait trembler, et le feu.

Peut-être que ce vent qui fait tout trembler, qui ouvre portes et fenêtres, qui peut faire voler les branchages ou les tuiles, c'est ce que les apôtres ont ressenti en eux. Quelque chose qui les poussait presque à sortir d'eux-mêmes, à se laisser emporter par cet autre défenseur dont Jésus avait parlé.

Peut-être que ce feu, c'est le feu du buisson ardent, qui se consume sans se consumer et qui chez les apôtres purifie ce qui doit l'être, ces branches desséchées, mais qui est aussi actualisation de l'amour du Père pour le Fils, du Fils pour le Père, amour fécond qui se déverse et qui donne enfin à l'humain d'aimer.

Si on se souvient qu'Elisée demande à Elie, au moment de son enlèvement spectaculaire sur un char de feu, d'avoir une double part de son Esprit, on peut penser que Jésus ressuscité donne, comme d'habitude en abondance, cet Esprit qui est en Lui; cet Esprit qui va permettre aux apôtres d'aller, de baptiser et d'enseigner...

Il m'a semblé intéressant de faire un lien avec la mythologie grecque. Le feu a été dérobé aux Dieux par Prométhée, ce qui veut dire qu'ils le gardaient pour eux, et se souciaient peu des hommes. Les Dieux grecs sont très égoïstes... Or le feu permet la civilisation, telle que nous la concevons, car le feu permet de passer du cru, qui est la manière de manger des animaux, au cuit qui est le propre de l'humain qui cuisine, et qui permet d'avoir des poteries, donc là encore ne pas manger à même le sol; d'avoir des métaux - ce qui peut conduire à la guerre, mais qui permet l'agriculture. Le don du feu est donc quelque chose de capital. Là, il n'y a pas vol, Jésus donne ce qui est de Lui, mais qui est aussi de son Père, il le donne entièrement, gratuitement, dans l'abondance et cela permet bien un saut entre la Loi donnée et la Vie donnée. Et ce don de l'Esprit permet un changement de culture.

Le verset 4,"*ils furent rempli d'Esprit Saint*" et non pas "ils furent rempli *par* l'Esprit Saint" me remplit toujours de joie quand je le lis, ou l'entends proclamer. En effet, cela renvoie à la plénitude, plénitude dont on ne se rend peut-être pas compte, mais qui montre que les vides sont remplis, que ça peut déborder, et que tout est donné.

Ce qui est étonnant d'ailleurs c'est que la maison est remplie par le vent (comme autrefois la maison de Lazare avait été remplie par l'odeur du parfum répandu par Marie de Béthanie sur les pieds de Jésus), et que ce vent est suivi par le feu, feu qui se partage (ce qui peut évoquer le pain partagé lors des multiplications des pains, mais aussi de la Cène), qui ici se divise sans rien perdre de lui. Alors, goûter l'ivresse du don, et recevoir ce feu, voilà ce qui se passe ce jour là.

Et si certains ont pu dire que les apôtres étaient ivres dès le matin, que c'était du vin qui leur avait délié la langue (eux qui venaient de recevoir des langues de feu), c'est qu'ils étaient bien ivres, ivres car qu'ils venaient de goûter au sens fort la présence de l'Esprit; présence qui se déguste, dans la paix, dans la joie, dans l'amour, d'une manière radicalement autre, qui remplit totalement, qui comble et qui peut donner envie de s'envoler, de chanter et de danser.

Quand j'ai reçu le baptême dans l'Esprit Saint, quelqu'un a eu pour moi l'image d'une petite fille sur une balançoire, poussée par un homme en blanc, et je crois que c'est une sorte de représentation de cette joie qui donne envie de s'envoler.

Que Marie ait été remplie d'Esprit Saint depuis l'Annonciation, et peut-être avant, c'est évident; alors c'est pour cela qu'il m'a semblé qu'elle était la mieux placée pour raconter ce qui s'est passé à Jérusalem, ce jour qui est venu 50 jours après la fête de la Pâque.

Marie raconte ce qui s'est passé le jour de la fête des sept semaines

Je vais vous étonner, parce que l'Esprit Saint a reposé sur moi, et en moi, dès le début; puisque le Très Haut m'a prise sous son ombre, que je suis l'arche de la nouvelle alliance, et que son souffle en moi a pris forme et consistance dans son fils. Mais pourtant, ce jour là, quelque chose, qui a changé l'ordre du monde, s'est passé. Sur la croix, mon Fils m'a confié à son ami en lui disant "Voici ta mère", et moi j'ai compris que désormais ceux qui l'avaient suivi devenaient mes fils; et même si l'Esprit m'a été donné, il était important que je reçoive à nouveau en même temps qu'eux et comme eux ce Défenseur, ce Consolateur qui a fait de nous son Eglise.

Je me souviens qu'un jour mon fils avait dit à ses disciples qu'il était venu pour allumer un feu sur la terre et qu'il avait hâte que ce feu brûle (Lc 12, 49). Je sais que beaucoup ont pensé à la colère de Dieu, cette colère qui vient pour détruire le monde mauvais, pour purifier, pour faire du neuf, pour faire ce pur sans partage qui est à l'image de Dieu; mais moi, je savais que le feu dont il parlait c'était un autre feu.

Depuis que mon fils a disparu à nos yeux de chair, mais pas à nos autres yeux, ces yeux du cœur qu'il a travaillé à ouvrir avant son véritable départ, quand la nuée l'a dérobé à nos yeux, il y a eu du changement chez ceux qu'il avait choisi depuis le début, ceux qui sont ma famille maintenant. Ils ne sont plus dans la crainte, ils sont dans l'attente de cette force qu'il a promise, cette force qui sortait de lui quand il guérissait les malades qui se jetaient littéralement sur lui pour être guéris, cette force de conviction, mais aussi cette force de douceur.

Alors donc, le jour de la fête de Shavouot, nous étions réunis dans cette salle où avait été partagée la Pâque. Et voilà que quelque chose s'est passé. Ce feu, je l'ai vu tomber en ce jour où nous célébrons à la fois les premières récoltes, où comme Abel, nous offrons ce qu'il y a de plus beau à notre Dieu (peut-être nous-mêmes), mais où nous célébrons aussi le don qu'il nous a fait en nous donnant la Loi, Sa loi. Peut-être que cette Loi ne nous a pas permis hélas de devenir des justes, de nous accorder à sa volonté, de la reconnaître dans les petits faits de tous les jours, mais elle a fait de nous le peuple choisi, le peuple élu, le peuple dont la mission est de faire connaître notre Seigneur au monde entier, à toutes les nations.

Tout d'abord il y a eu comme un fort coup de vent, et en moi résonnait la phrase qu'il avait dite à Nicodème: "Le vent souffle où il veut, tu entends sa voix, mais tu ne sais ni où il va ni où il vient". C'était un vent fort, mais ce n'était pas un ouragan, c'était un souffle, mais il brassait, mélangeait, bruissait, bruitait.

Et puis j'ai vu comme des étincelles de feu, je veux dire ces flammes minuscules qui s'échappent d'un feu de bois, qui s'envolent vers le ciel, et qui pour certaines dansaient, et pour d'autres grossissaient, devenaient comme des petites langues de feu, et allaient se déposer sur chacun d'entre nous. Des étincelles vivantes, qui faisaient d'eux, qui faisaient de moi avec eux, comme un seul corps. Je sais que les disciples, eux, ont vu comme des petites langues de feu qui se seraient détachées d'un feu qu'ils devinaient, qui brûlait loin au-dessus d'eux; et qui entraient doucement en eux.

Ce qui est étonnant, c'est que le feu lui-même, nous ne l'avons pas vu. Mais nous le sentions au-dessus de nous, comme une présence remplie d'amour, de chaleur; mais aussi de majesté. Je veux dire que l'origine de ces petites flammes, je ne l'ai pas vue. Mais la source était là, au-dessus de nous, là où mon fils est parti depuis quelques jours; et peut-être que ce feu, c'était Lui, Lui dans son Père, son Père dans Lui, avec ce tourbillon de Présence.

C'était comme si le temps s'était arrêté, comme le soir où la mer s'est fendue pour que nous puissions être délivrés des armées de Pharaon, ou comme ce jour où le Jourdain s'était lui aussi arrêté de couler, le jour où nous avons pris possession de la terre promise avec Josué....

Le toit de la maison n'existait plus, le ciel était là, le soleil entrait à flots, avec sa douce chaleur. Et de ce soleil sortaient des rayons qui devenaient des flammes qui se déposaient sur chacun d'entre nous. Je ne sais pas si vous avez pris le temps de regarder le lac de Tibériade quand le soleil se réfléchit sur les vaguelettes. On a l'impression que lac lui-même est vivant, empli de petites étincelles; et le temps s'arrête. Là le temps s'est arrêté. C'est ce que moi j'ai ressenti, car je l'avais déjà vécu lors de ma rencontre avec l'Ange du Seigneur.

Quand le temps a repris son cours, tous, un peu comme les trois enfants dans le livre de Daniel, tous les disciples qui avaient reçu ce feu, se sont mis à célébrer les merveilles de Dieu, mais chacun dans une langue inconnue, un peu comme si une nouvelle langue se créait qui était la fusion de toutes les langues qui existent sur la terre, et qui serait la nouvelle langue de ceux qui croient que Jésus est Seigneur. Et moi, j'écoutais et ma joie était totale et je me suis mise à chanter avec eux. Un monde nouveau était là, en train de naître.

Et il y a eu plein de gens qui s'attroupaient devant la maison où nous étions. Pierre est allé avec les autres sur la terrasse. Nous avons compris que tous ceux qui étaient en route vers le Temple avaient entendu le bruit du vent, qu'ils s'étaient arrêtés dans leur marche et qu'ils avaient entendu célébrer les merveilles du Très Haut, chacun dans leur propre langue et non pas dans cette langue utilisée par les prêtres et que beaucoup ne comprennent pas.

Seulement certains ont imaginé que c'était parce que nous étions ivres que nous étions capables de parler dans toutes ces langues... C'est quand même étonnant, quand arrive quelque chose qu'on ne comprend pas, il y a toujours des gens pour donner des explications qui font du mal, qui cassent la beauté. C'est un peu comme ceux qui disaient que les guérisons des possédés étaient dues à un pacte entre mon fils et le Mauvais.

Ils n'avaient pas complètement tort, car ce feu qui était, qui est en nous, il crée bien une sorte d'ivresse, comme l'amoureux est ivre de la beauté de sa compagne. C'était bien comme une nourriture, qui nous remplissait, nous changeait, nous permettait aussi d'être comme en lien avec tous les autres, une immense famille qui se créait là. Une autre famille, celle de mon Fils.

Simon Pierre, celui que mon fils avait choisi pour être pêcheur d'hommes, a fait sa première pêche. Il a parlé à cette foule, il a parlé de mon fils qui a donné sa vie, qui est revenu à la vie, qui donne la vie en délivrant du péché, et qui donne la vie éternelle par le don de l'Esprit; et plus de trois mille personnes se sont jointes à nous.

Cette journée là, c'est une des plus belles de ma vie... C'est le don de l'Esprit pour tous, c'est la réalisation des promesses, c'est le début du monde nouveau où les hommes pourront, avec la force de l'Esprit, aimer comme mon Fils a aimé; et entrer et découvrir l'Amour. Comme le dira plus tard celui qu'on appellera l'apôtre des Nations, un monde ancien s'en est allé, un nouveau monde est déjà là.

- FIN -

CONCLUSION

Un grand blanc... À laisser tel quel... À remplir.

Je le remplis par quelque chose qui me tient à cœur, à savoir parler de la Trinité, mais pas d'une manière savante. Des intuitions, qui pour moi sont des certitudes; mais pour moi...

Quand on lit les récits des personnes qui ont vécu une mort imminente, ce qui me frappe ce n'est pas tant la lumière, mais le fait que la compréhension est instantanée, on pourrait presque dire, plus rapide que la lumière, une communication-compréhension sans mots. Et je me dis que ce que l'évangile de Jean nous rapporte en permanence, c'est quelque chose de ce type, de communication entre Jésus et celui qu'il appelle son Père. Il n'y a pas besoin de mots pour se comprendre, pour être en relation. La communication est là, la relation est là, et elle n'est jamais confusion, puisque le Père peut agir librement en Jésus et que Jésus lui aussi est dans une liberté totale.

Si on admet, mais pour cela il faut l'avoir expérimenté à sa propre échelle, qui est une toute petite échelle, que Dieu est amour, un amour sans limite, un amour pour tous, qu'ils soient ou non pécheurs, alors dans la relation sans mots il y a aussi cet amour qui se communique en permanence, et qui déborde aussi, tout en restant contenu.

Et cela c'est peut-être l'Esprit saint, qui souffle sans se disperser, qui crée sans perdre quoique ce soit, qui est joie du Père et joie du Fils, et cela c'est le mouvement trinitaire dans lequel nous sommes amenés à rentrer.

Ces phrases sont aussi étayées par une intuition que j'ai depuis toujours, à savoir que ce que Thomas a vu, quand Jésus lui demande de mettre son doigt dans les trous laissés par les clous et sa main dans cet autre trou laissé par la lance: ce n'est pas quelque chose de sanguinolent, mais quelque chose de radicalement différent… Et il n'a pas eu besoin de toucher...

Ce qu'il a vu, ce que ses yeux ont regardé, c'est un trou qui se" comble et ne se comble pas", un peu comme ce buisson ardent qui " brûle et qui ne se consume pas".

Ce que je veux dire c'est qu'il y a un tourbillon de vie dans ces plaies, quelque chose de lumineux, de tourbillonnant, de vivant. Et pour moi, la phrase de Thomas "Mon Seigneur et mon Dieu" prend tout son sens. Il reconnaît en Jésus, Dieu qui est Seigneur.

Ce que je veux dire, c'est que ce qui lui est donné de voir, c'est la vie à l'état pur. Mais ce n'est pas facile de mettre des mots sur une intuition.

Ce que je veux dire, c'est que pour moi, ça vit, ça bouge, c'est lumineux, ça se refait en permanence, et ça reste cependant contenu.

Je n'aime pas parler d'énergie, parce que c'est un mot souvent mal employé et que l'énergie divine est autre que ce qu'on appelle l'énergie; mais dans ces trous là, il y a une énergie créatrice qui est aussi cette force qui sortait de Jésus, si on se base sur l'évangile de Marc et sur la guérison de la femme qui perdait du sang.

Tout l'évangile de Jean est basé sur "donner la vie, aimer, avoir la vie en abondance".

Il y a aussi la plaie qui mène au cœur de Jésus: elle est aussi couloir pour que notre petit cœur, notre tout petit cœur, puisse aller se fondre dans ce qui fut le cœur organe de vie de Jésus, devenir un tout petit morceau de son cœur à Lui, et faire de nous des frères, des sœurs, des mères, des enfants aimés, désirés, maintenus, entraînés dans ce tourbillon trinitaire, qui est notre joie.

La communication totale d'amour entre le Père et le Fils et le Fils et le Père (Jn 16) pour "être", devient nécessairement créatrice, car sinon elle ne serait pas féconde. Et c'est l'Esprit Saint qui est le fruit de cette fécondité. Cela se crée sans fin, et c'est la vie qui se manifeste.

La vie, la vie s'est manifestée; la vie qui était donnée par la Père.

Voilà ce qu'est pour moi aujourd'hui la Trinité.

———

© 2020, Lestang, Catherine
Edition : Books on Demand,
12/14 rond-Point des Champs-Elysées, 75008 Paris
Impression : BoD - Books on Demand, Norderstedt, Allemagne
ISBN : 9782322240210
Dépôt légal : août 2020